Marco Perri

I.A.D. - Internet Addiction Disorder fra critiche e perplessità

AF168205

Marco Perri

I.A.D. - Internet Addiction Disorder fra critiche e perplessità

Review

Edizioni Accademiche Italiane

Impressum / Stampa

Bibliografische Information der Deutschen Nationalbibliothek: Die Deutsche Nationalbibliothek verzeichnet diese Publikation in der Deutschen Nationalbibliografie; detaillierte bibliografische Daten sind im Internet über http://dnb.d-nb.de abrufbar.

Informazione bibliografica pubblicata da Deutsche Nationalbibliothek (Biblioteca Nazionale Tedesca): la Deutsche Nationalbibliothek novera questa pubblicazione su Deutsche Nationalbibliografie. Dati bibliografici più dettagliati sono disponibili in internet al sito web http://dnb.d-nb.de.

Coverbild / Immagine di copertina: www.ingimage.com

Verlag / Editore:
Edizioni Accademiche Italiane
ist ein Imprint der / è un marchio di
OmniScriptum GmbH & Co. KG
Heinrich-Böcking-Str. 6-8, 66121 Saarbrücken, Deutschland / Germania
Email / Posta Elettronica: info@edizioni-ai.com

Herstellung: siehe letzte Seite /
Pubblicato: vedi ultima pagina
ISBN: 978-3-639-77641-6

Zugl. / Approved by: Torino, UNITO Università degli studi di Torino, 2011/2012

INTERNET ADDICTION DISORDER FRA CRITICHE E PERPLESSITÀ

REVIEW

A. A. 2015/2016

Alla mia famiglia,
Grazie

INDICE

INTRODUZIONE

"Quando cominciai a trafficare con il programma che avrebbe poi fatto nascere l'idea del World Wide Web, lo chiamai Enquire, da *Enquire Within upon Everything*, entrate pure per avere informazioni su ogni argomento".

Tim Berners-Lee

Alla domanda *cosa è Internet?* è impossibile rispondere senza tener conto dei cambiamenti radicali imposti dal continuo progresso tecnologico. L'ultima metà del secolo appena trascorso è stata caratterizzata dal continuo susseguirsi di innovazioni tecnologiche. Seguendo un ritmo costante, le nuove tecnologie sono entrate man mano a far parte della nostra vita quotidiana comportando modificazioni radicali dell'ambiente in cui ci muoviamo e significativi cambiamenti del modo in cui interagiamo con gli altri.

L'avvento di nuovi e sempre più potenti computer, telefoni cellulari, laptop, e tablet ma soprattutto la diffusione dei nuovi media, attraverso la rete internet e il facile accesso che la caratterizza, ha comportato un cambiamento profondo nella comunicazione e nelle abitudini dell'uomo del terzo millennio. In poco meno di cinquant'anni il progresso scientifico ha messo a disposizione dell'uomo potenti alleati tecnologici in ogni campo di lavoro. Nel 1969 nasce ARPANET progenitore e precursore della rete Internet, finanziato dall'esercito americano; Nel 1971 viene prodotto, ad opera di un pool di scienziati italiani e statunitensi, il primo circuito integrato su una piastra di silicio di pochi centimetri con una memoria di entrata, una memoria di uscita e un sistema di elaborazione dati, antenato dei moderni microprocessori; Nel 1981 la IBM lancia sul mercato il suo primo personal computer di cui verranno venduti milioni di esemplari;Nel 1991, presso il CERN di Ginevra: un gruppo di ricercatori definisce il protocollo HTTP *(HyperText Transfer Protocol)*, un sistema che permette una lettura ipertestuale saltando da un punto all'altro mediante l'utilizzo di rimandi detti "link", rivoluzionando profondamente la neonata rete. Nasce così il World Wide Web.

La facilità d'utilizzo connessa con l'HTTP e lo sviluppo di browser e motori di ricerca sempre più semplici ed intuitivi, in coincidenza con una vasta diffusione di computer anche per uso personale, hanno aperto l'uso di Internet a una massa di milioni di persone al di fuori dell'ambito strettamente informatico, con una crescita in progressione esponenziale.

Non c'è dubbio che la rete delle reti è la vera rivoluzione che caratterizzerà il terzo millennio: i vantaggi offerti dal cyberspazio sono innegabili e il suo sviluppo è inarrestabile.

Internet emerge come un canale essenziale per le comunicazioni infra personali, ricerche accademiche, scambio di informazioni e intrattenimento; senza contare la possibilità di pianificare viaggi e percorsi, prenotare vacanze, comprare e vendere oggetti e servizi semplicemente con un click. L'accesso ad Internet è stato riconosciuto da costituzioni, leggi nazionali e risoluzioni del Parlamento Europeo e del Consiglio d'Europa come diritto fondamentale, in quanto si riconosce nella rete un portatore di conoscenza universale e quindi la si può considerare un bene comune globale. La rete è oggi una comunità globale costituita da miliardi d'individui che la usano per lavorare, istruirsi ma sopratutto per trovare momenti di svago ed evadere dalla realtà di tutti i giorni. Per comprendere meglio il fenomeno Internet diamo un'occhiata ai numeri della rete, riferiti all'anno 2010. (*I numeri della rete*, 2010, http://www.Pingdom.com)

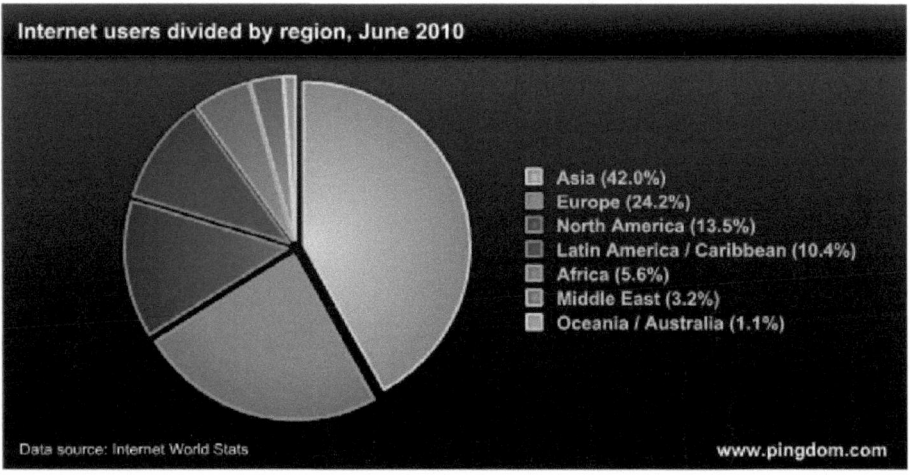

I NUMERI DELLA RETE

Utenti Internet
1.97 miliardi – Utenti della rete sparsi in tutto il mondo (Giugno 2010).
14% – Crescita del numero di utenti dall'anno precedente
825.1 milioni – Utenti internet in Asia.
475.1 milioni – Utenti internet in Europa
266.2 milioni – Utenti internet in Nord America.
204.7 milioni – Utenti internet in Sud America / Caraibi
110.9 milioni – Utenti internet in Africa.
63.2 milioni – Utenti internet in Medio Oriente
21.3 milioni – Utenti internet Oceania / Australia.

Email
107 trilioni – Il numero di email inviate nel 2010
294 miliardi – Il numero medio di email inviate ogni giorno
1.88 miliardi –Il numero di account email in tutto il mondo
480 milioni – Nuovi account email rispetto l'anno precedente
89.1% – La percentuale di mail contenenti spam

Video
2 miliardi – Il numero di video visti ogni giorno su YouTube.
35 – Ore di video caricate ogni minuto su Youtube
2+ miliardi – Il numero di video visti ogni mese su Facebook
20 milioni – Video caricati su Facebook ogni mese

Foto e Immagini
5 miliardi – Foto caricate sul portale Flickr (Settembre2010).
3000+ – Foto caricate ogni minuto sul portale Flickr
3+ miliardi – Foto caricate su Facebook ogni mese
36 miliardi – Foto caricate su Facebook durante il 2010

6

Internet è una vera è propria fonte illimitata di informazioni costituite da foto, musica, video, blog o semplice traffico dati prodotto da chat e forum sparsi per la rete. Controllare i propri aggiornamenti su social network e caselle di posta elettronica fa ormai parte delle normali attività quotidiane che ognuno di noi svolge per motivi personali o professionali e le possibili attività attuabili in rete aumentano giorno dopo giorno.

Il world wide web ci consente di sfogliare quotidiani, riviste ed enciclopedie pubblicate in tutto il mondo in tempo reale tranquillamente seduti davanti ad un monitor; In rete è possibile svolgere operazioni bancarie complesse e gestire il proprio portafogli azionario partecipando alle frenetiche attività delle borse di tutto il mondo, senza contare la possibilità reale di giocare d'azzardo nelle migliaia di casinò online. Nel cyberspazio inoltre possiamo calarci in personalità fittizie e a volte idealizzate, avvallate dall'anonimato che viene più o meno sempre garantito nelle chat-room e nei forum online; In rete possiamo persino creare un nostro proprio avatar che si muove in mondi tridimensionali e interagisce con gli avatar creati da altri utenti perseguendo obiettivi e svolgendo delle vere e proprie missioni sul campo: questo è il caso dei famosi MUD's (*Multi User Dungeon*) o dei MMORPG (*Massively Multiplayer Online Role-Playing Game*); In rete è possibile reperire facilmente materiale pornografico o addentrarsi in relazioni cyber-sessuali con uno o più partner contemporaneamente.

Uno dei principiali fautori del World Wide Web così come lo conosciamo oggi, Tim Berners Lee (1999), sostiene che *"il Web è ben lungi dall'essere fatto, è solo in una fase ferraginosa di costruzione"*

Insomma il medium internet offre possibilità d'utilizzo controverse e in continuo divenire. Potremmo definire la rete delle reti come un enorme cantiere in corso di realizzazione che sfida l'umana immaginazione e le capacità di chi ogni giorno si addentra nell'immensità del cyberspazio. Diventa difficile quindi definire quali comportamenti specifici possono essere effettuati in rete, quali possono essere definiti positivi e quali posso essere definiti negativi per la salute dell'utente, in quanto tutto è rimesso nelle mani di chi armato di PC e connessione wireless si appresta alla navigazione. Date le qualità intrinseche della rete e la sua complessità generale, è utile per noi spostare l'attenzione verso chi la usa o nel nostro caso, ne abusa. Ma come si può eseguire una distinzione fra un utente patologico e un utente non patologico?

Secondo la dottoressa Young (2000), la dipendenza da Internet è caratterizzata dall'impossibilità di limitarsi nell'uso del medium rispetto agli impegni quotidiani; ovvero quando l'uso la rete in modo massiccio comporta un grosso ostacolo per lo svolgimento delle normali attività quotidiane. Inoltre l'*abuser* esperisce ansia e il cosiddetto *craving*, ovvero la sensazione di desiderio legata all'uso della rete quando è impossibilitato a collegarsi. Young aggiunge che spesso l'I.A.D. è associato in più della metà dei casi a comorbidità parallela all'utilizzo della rete quali dipendenza multipla, condizioni psichiatriche preesistenti, dipendenza da sostanze, sindrome di Asperger, depressione, disturbo ossessivo compulsivo, disturbo bipolare, compulsione sessuale, gioco d'azzardo patologico, o fattori situazionali quali burnout da lavoro, contrasto coniugale o abuso infantile.

In un intervista pubblicata su psychiatryonline.it (2002), la dottoressa Young puntualizza: *"Fondamentalmente, la letteratura professionale ha accettato gli articoli di ricerca che sottolineano le ramificazioni della compulsività verso Internet, che appaiono conformi alle altre compulsioni identificate precedentemente, come quelle legate all'alcool, al gioco d'azzardo, al sesso o al cibo"* e *"divorzio, perdita di un bambino, perdita del lavoro, isolamento sociale, depressione e instabilità familiare, sono tutti risultati di un utilizzo eccessivo o dipendente di Internet. Ricerche recenti indicano che una buona percentuale di utenti internet diventano dipendenti dalla rete nella stessa proporzione in cui le persone possono contrarre dipendenza dal gioco d'azzardo, alcol o droghe"*.

In questa trattazione verrà proposta una descrizione sommaria del mezzo internet e dello spettro di attività che è possibile effettuare in rete. Un'attenzione particolare è stata rivolta verso quei lavori di ricerca che si sono occupati della definizione delle dipendenze tecnologiche e soprattutto delle dipendenze specificamente legate al medium internet, nel tentativo di trovare dei punti di connessione nei metodi usati e nei risultati ottenuti dai ricercatori che si sono misurati con questo tipo specifico di dipendenza, tenendo conto dell'impatto globale della rete. Peculiarità della rete internet è infatti quella di essere una "ragnatela globale", in continua espansione e al fine di ottenere una visione generale di un disturbo così complesso e delle strategie di correzione e di prevenzione proposte, ho raccolto in questa dissertazione studi e ricerche prodotti da diverse università sparse per il globo.

CAPITOLO 1

DIPENDENZA TECNOLOGICA

"Il grande vantaggio di internet non sta, propriamente, nella possibilità d'interagire con il resto del mondo, ma di poterlo fare tenendosene comunque a debita distanza"

Giovanni Soriano

1.1 Definizione dell'Internet addiction disorder

Per meglio comprendere i comportamenti legati all'abuso d'internet, bisogna tornare indietro nel tempo fino al 1994, l'anno in cui la dottoressa Kimberly Young ricevette una telefonata da un'amica che le chiedeva un aiuto psicologico per suo marito, poiché questo passava tutto il suo tempo libero online, spingendola a pensare seriamente al divorzio. Fu questa telefonata ad avviare la dottoressa Young verso una serie di ricerche riguardo l'uso patologico della rete e la conseguente redazione di un questionario (*Young Diagnostic Questionnaire*) composto da otto domande, per individuare una eventuale dipendenza da internet. Si può quindi individuare in questa serie di eventi l'inizio del dibattito in merito ad un uso patologico di Internet.

Nel tempo, sono stati usati diversi termini per descrivere l'uso eccessivo della rete. Il primo psichiatra ad usare l'acronimo I.A.D. (*internet addictive disorder*) fu Ivan Goldberg nel 1996. In realtà il suo intento era parodiare l'insistenza della psichiatria moderna nel trovare una sintomatologia e quindi una patologia per tutto. Goldberg si servì della definizione di dipendenza da sostanze del DSM-IV, sostituendo la parola "internet" a quella di "sostanza" e individuando così gli stessi criteri della dipendenza chimica. Il suo intervento fu preso sul serio da molti, e furono coniati a loro volta nuovi termini per la descrizione della patologia legati ad uno studio più approfondito della sintomatologia del fenomeno.

La dottoressa Young (1996), ad esempio trovò più consona la definizione *Pathological Internet Overuse* (P.I.O.) in quanto sottolineava così le potenziale assuefazione, propria della rete, legata ad un disordine comportamentale e non ad una dipendenza vera e propria. In seguito Davis (2001) raccolse la definizione della Young distinguendo fra *Specific Pathological Internet Use* e *Generic Pathological Internet Use*. Il primo riferito ad un uso dipendente di specifici contenuti e funzioni della rete, comprendente casinò online, stock trading, visualizzazione di materiale pornografico e quindi un ventaglio di attività ben individuate. Il secondo legato invece ad un uso più dispersivo della rete che comprende l'invio e la ricezione di email, il navigare senza meta fra i milioni di domini web esistenti e quindi circoscritto ad un uso multi-dimensionale della rete.

L'interrogativo più impellente, riguardo alla definizione di una eventuale dipendenza dalla rete nasce dal dibattito legato alla possibilità o meno che si possa essere dipendenti da comportamenti specifici che non siano legati all'abuso di sostanze. Negli ultimi vent'anni molti ricercatori si sono dedicati appunto alla verifica dell'esistenza delle cosiddette *Non chemical addictions* quali, per dirne alcune: l'uso compulsivo della televisione; il gioco d'azzardo compulsivo; l'uso compulsivo di pc e altri rinomati della tecnologia; l'uso compulsivo di internet.

E' evidente, dall'elenco stilato sopra che fra le non chemical addictions possiamo distinguere un gruppo più circoscritto e specifico comprendente le interazioni con *oggetti tecnologici*. Griffith (2006) le individua come *Technological addiction*s (dipendenze tecnologiche) poiché possono essere definite operativamente come dipendenze comportamentali che coinvolgono le interazioni uomo-macchina.

Questa tipologia di dipendenze comportamentali è caratterizzata da molteplici componenti comuni alla maggior parte delle dipendenze quali la salienza, sbalzi d'umore, sensazione di malessere quando l'accesso all'oggetto desiderato è limitato, conflitto e rilascio.

Secondo le ricerche condotte da Young e Mitchell (2000), chi è vittima di dipendenze comportamentali è preso da ciò che sta facendo ma soprattutto dalla sensazione che ciò che sta facendo comporta. Sotto questo punto di vista è utile valutare l'apporto di alcune ricerche svolte nell'ambito delle neuroscienze attraverso metodi di neuroimaging tese a valutare l'attività cerebrale di soggetti coinvolti nella dipendenza online, che riprenderemo più approfonditamente nei capitoli susseguenti. Tali ricerche, molto ingegnose da un punto di vista epistemologico, dimostrano che i livelli di dopamina nel nucleus accumbens, nei soggetti tecnologicamente dipendenti sono altissimi di fronte ad uno stimolo correlato all'attività online, producendo effetti simili a quelli indotti dall'abuso di sostanze. S'instaura così, nell'individuo dipendente il crescente desiderio di *volerne ancora di più*, il cosiddetto *craving*, ovvero una sensazione di malessere legata alla limitazione nell'accesso alla rete.

Le dipendenze tecnologiche, non sono una novità, basti pensare all'invenzione della lampadina, che ha moltiplicato di gran lunga lo spettro di attività notturne; oppure si pensi all'introduzione della radio o della televisione e all'impressionante serie di nuove attività legate ad esse. Esistono. Ovviamente, delle differenze abbissali fra le diverse dipendenze tecnologiche, ad esempio possiamo distinguere fra una dipendenza attiva (pc) legata alla possibilità d'interazione con il mezzo tecnologico e una dipendenza passiva (televisione) . Da uno studio di Kraut e altri ricercatori (1998) risulta che il tempo speso guardando la tv è direttamente proporzionale alla riduzione di coinvolgimento sociale, attività fisica e salute mentale in quanto tende a insinuarsi nel teledipendente uno stato di profondo disinteresse e alienazione. Potremmo tranquillamente affermare che il tele-dipendente degli anni '80, l'individuo che passava il tempo a fare zapping alla tv, si è trasformato nell'internet-dipendente di oggi.

Data la complessità delle interazioni uomo-macchina quindi, possiamo intuire che è assai difficile addentrarsi in una corretta definizione dei comportamenti disadattivi legati alle dipendenze tecnologiche e nel caso che più c'interessa, delle dipendenze legate al medium internet.

1.2 Introduzione alla tassonomia delle dipendenza online

L'individuazione della dipendenza da Internet in vista di un possibile inserimento nel prossimo DSM non è cosa facile date le novità interazionali intrinseche del medium internet e la relativa giovinezza della rete. La ricerca sulla dipendenza da internet ha alle proprie spalle pochissimi anni di sviluppo e tutt'ora non esiste una visione univoca del problema benché i ricercatori si siano ingegnati nella costruzione di appositi reattivi basati sui metodi d'indagine proposti dal DSM-IV. Infatti i test psicometrici prodotti fino ad oggi, per circoscrivere la dipendenza da internet si basano generalmente: sui criteri usati per l'individuazione delle dipendenze da alcol e più in generale da sostanze; sui criteri usati per l'individuazione del gioco patologico; sulle prospettive teoretiche come il modello cognitivo-comportamentale; sugli sviluppi dei casi singoli, sulla letteratura pubblicata finora e sopratutto sui sintomi della dipendenza da Internet riscontrati attraverso il metodo clinico.

I reattivi prodotti nel primo periodo, tra i quali l'*Internet addiction disorder diagnostic criteria* di Goldbergs (IADDC, 1995), l'*Internet-Related Addictive Behavior Inventory* di Brenner (IRABI,1997) e il *Clinical Symptoms of Internet Dependency* di Scherer's (CSID, 1997) sono stati prodotti prendendo spunto dai criteri per l'individuazione di comportamenti quali l'abuso e la dipendenza da sostanze, usati nel DSM-IV. La stessa Young, nello sviluppare il suo *Young Diagnostic Questionnaire* (YDQ, 1994) ha usato per la definizione delle otto domande che compongono il questionario i criteri proposti dal DSM-IV per individuare il gioco d'azzardo patologico. In uno studio susseguente Young, ha ampliato il proprio questionario, usando scale Likert per distinguere utenti dipendenti dalla rete da utenti non dipendenti. L'*internet addiction test* (IAT,1998), sviluppato dalla Young, è composto da 20 item, i quali dovrebbero riuscire a coprire i comportamenti individuali legati all'uso della rete, i pensieri del soggetto in merito alla rete e all'uso che ne fa e infine la consapevolezza del soggetto in merito alle conseguenze derivanti da un uso sproporzionato del medium internet. Tutt'ora lo IAT insieme all'IRABI, è uno dei reattivi più usati nel mondo per la diagnosi di un'eventuale dipendenza da internet. In tempi più recenti Goolam e Tatcher hanno sviluppato il *Problematic Internet Use Questionnaire* (PIUq, 2005) basato anch'esso sui criteri usati nel DSM-IV per l'individuazione del gioco d'azzardo compulsivo.

Un altro reattivo degno di nota è l'*Online Cognitive Scale* (OCS, 2001) ad opera di Davis. Questo particolare reattivo nasce dall'analisi teoretica della psicopatologia moderna e si basa sul modello cognitivo comportamentale e sulla convinzione dell'autore che la dipendenza online non nasce dall'uso della rete in sé stesso, ma si sviluppa in merito alle particolari attività che si svolgono online. Ricerche precedenti alla costruzione dell'OCS dimostrano che gli impatti più negativi della rete sono correlati alle funzioni interattive della rete e la stessa Young nota che gli abusers più resistenti sono attratti dalle funzioni di supporto sociale che la rete offre, quali giochi multiplayer, chat e social network.

Ad ogni modo è possibile trovare delle similarità presenti in tutti i reattivi sopra menzionati:

- Uso compulsivo di internet e l'eccessivo tempo speso online: caratterizzato dal fallimento da parte del soggetto nel controllare il proprio tempo speso collegato ad internet
- Sintomi d'astinenza: caratterizzati da depressione e sbalzi d'umore quando il soggetto non può connettersi alla rete
- Uso del medium internet come conforto sociale: il soggetto usa la rete per ricercare interazioni sociali che non riesce a instaurare nella vita reale
- Conseguenze negative legate all'uso del medium internet: ovvero le conseguenze sociali, lavorative e accademiche legate all'abuso della rete che tende ad assorbire la maggior parte del tempo libero del soggetto.

In un quadro così complesso di comportamenti specifici definibili, diventa indispensabile creare una tassonomia che comprenda a grandi linee lo spettro delle diverse dipendenze tecnologiche riscontrabili online. Young è stata la prima ad identificare cinque grandi categorie, tutt'ora valide, di comportamenti disadattivi della rete basandosi sulla propria esperienza clinica:

1. *Cybersexual addiction* (dipendenza cybersessuale): intesa come l'uso compulsivo di siti web per adulti creati appositamente per il cybersesso e la distribuzione di materiale pornografico. Solitamente accompagnata da masturbazione compulsiva.

2. *Cyber-relationship addiction* (dipendenza da relazioni virtuali): intesa come il coinvolgimento eccessivo da relazioni sostenute unicamente attraverso la rete. I mezzi attraverso cui la relazioni online acquisiscono sostanza sono chat, forum, social network, e-mail e videochat.

3. *Net Gaming* (dipendenza dai giochi in rete): comprende una vasta categoria di

comportamenti compulsivi legati ad attività interattive del web quali: gioco d'azzardo, videogame, shopping online e il commercio inteso anche come stock-trading.

4. *Sovraccarico cognitivo:* la ricchezza dei dati disponibili sul WorldWideWeb ha creato un nuovo tipo di comportamento compulsivo per quanto riguarda la navigazione e la diffusione d'informazione. Il numero sempre crescente di dati immessi online richiede un maggior sforzo in termini di tempo ed energie cognitive per poterli gestire e valutare.

5. *Gioco al computer:* giochi quali solitario o campo minato, ma anche le cosiddette Apps presenti su social network, cito la famosissima Farmville per tutte, sono semplici passatempo che a volte rischiano di ossessionare il giocatore. Diversi ricercatori hanno dimostrato che il gioco ossessivo sul computer è diventato un problema nelle strutture organizzate, dato che gli impiegati trascorrevano la maggior parte del giorno a giocare piuttosto che a lavorare. Di fatti molte aziende preferiscono limitare l'accesso internet ai propri dipendenti, proprio per evitare che ciò avvenga.

CAPITOLO 2

I TIPI SPECIFICI DI DIPENDENZA

2.1 Dipendenza cyber-sessuale

Abbiamo già argomentato nel capitolo precedente riguardo ai diversi vantaggi offerti dal Web: entrata immediata in un mondo di informazioni che possono migliorare e ampliare il nostro sapere negli studi e nel lavoro; possibilità d'inviare e ricevere comunicazioni in tempi molto brevi con altri utenti connessi, tra cui conoscenti, amici, famigliari ma sopratutto con altri utenti del Web a noi sconosciuti; l'accesso alla rete è relativamente economico e quasi sempre disponibile. Abbiamo già argomentato anche riguardo gli svantaggi: il Web può distoglierci dalle relazioni sociali, favorire l'isolamento e il ritiro dall'ambito sociale talvolta portando a depressione e a volte si rivela essere una facile distrazione da altre cose più importanti.

Dal momento che la navigazione in Internet si fa prevalentemente in privato è forse più semplice, rispetto ad altre forme, nasconderne la dipendenza. La *dipendenza cybersessuale* è caratterizzata da: coinvolgimento in consistenti scambi a sfondo esplicitamente sessuale via e-mail; ricerca e lettura di storie esplicitamente sessuali; visione di video e contenuti sessuali su siti pornografici; visione o procacciamento di immagini varie attraverso una webcam; conversazioni in uno spazio ad argomento esplicitamente sessuale, spazio che può essere generico o privato con una conseguente partecipazione in conversazioni con altri utenti del cyberspazio al fine di condividere fantasie sessuali che talvolta si concludono in cybersesso, sesso telefonico, masturbazione o incontri reali.

L'attività cybersessuale si svolge solitamente in forma anonima e i partecipanti non sono tenuti a rivelare la loro identità. Si nascondono dietro un nickname e usufruendo dell'anonimato, non è infrequente che le persone cambino la loro reale professione, età, peso e interessi o che esagerino i loro gusti e le loro preferenze sessuali, indossando i panni di qualcun altro. Per molti, il Web è un modo sicuro per esplorare nascoste fantasie sessuali: si può creare un mondo fantastico, dotato di proprie regole, norme e regolamentazioni, che spesso è molto distante dal mondo reale.

Il cybersesso è avvolto dal segreto e non se ne parla con gli amici, la famiglia, i membri della comunità, confessori spirituali o superiori. Buttarsi in comportamenti cybersessuali è diventato un modo relativamente semplice di gestire in maniera diversa conflitti nell'area della sessualità che normalmente, nella vita reale, richiederebbero un impiego notevole di energie. Il cyberspazio si presta come arena per esplorare l'argomento sessualità, di per sé altamente relazionale, senza sentirsi tenuti a rivelare e condividere chi siamo, cosa facciamo e dove ci troviamo, protetti dalla privacy della nostra camera e dal nostro e altrui anonimato. Barcamenarsi in questo mondo intricato di storie, vere o false che siano, richiede tempo e se ne spende di fronte ad un pc molto più di quanto si vorrebbe.

Le caratteristiche della dipendenza da cybersesso non sono molto diverse da quelle di altri tipi di dipendenze. Il soggetto che fa cybersesso si sente «su» per poi sentirsi «giù» e depresso quando l'attività finisce. Può tentare di smettere ma non ci riesce. S'innesca il processo di negazione e isolamento e alla fine, questo comportamento interferisce con il lavoro, la vita comunitaria e sociale e ha anche un costo per quel che riguarda il rapporto con se stessi. Si associano sentimenti di disagio, colpa e vergogna, spesso mascherati agli altri. Per mantenere la soddisfazione, si spende sempre più tempo davanti al computer, creando una certa difficoltà nel mantenere degli appropriati confini di tempo. Talvolta ci si accorge della dipendenza dalla rete quando, per esempio, non si riesce ad accedere perché la connessione è lenta e il desiderio di essere connessi crea un sentimento diffuso di ansia, malessere e aggressività nell'internet-dipendente. Si potrebbe dire che per il soggetto dipendente la realtà virtuale è diventata realtà o comunque un surrogato accettabile di essa. Il cybersesso favorisce il voyeurismo verso il sesso, spingendo il soggetto dipendente sempre più lontano dalla realtà di una relazione reale, perdendo di vista le basi essenziali per una sessualità sana. Il cybersesso promuove una sessualità frammentata: si focalizza su parti del corpo o su esperienze frammentate di altre persone piuttosto che su un'interazione con un essere umano nella sua globalità. Young dedica un intero capitolo del suo libro alla raccolta di storie delle vittime dell'*amore al computer* che han patito sulla propria pelle le conseguenze di un tradimento perpetuato online. Divorzio, perdita della serenità famigliare, licenziamento sono alcune delle conseguenze in cui si rischia d'incappare sostenendo relazioni sessuali online. Un esempio concreto lo possiamo ritrovare nella testimonianza raccolta dalla dottoressa Young nel suo libro, *Caught in the net* (2000).

Matthew è un giovane agente di borsa della Florida, sposato e con una figlia piccola. Ammette alla dottoressa di essere passato da semplici flirt via webcam ad avere avuto dei veri e propri incontri con tre donne conosciute online. Young riporta il profondo senso di colpa e il rimorso provati da Matthew nel raccontarle che per tre volte mentì alla moglie dicendole che andava in viaggio d'affari, per incontrare queste donne. Matthew s chiedeva se sarebbe potuto capitare di nuovo, se poteva considerarsi un maniaco sessuale e se c'era per lui la possibilità di richiedere un aiuto. Racconta alla Young che sia lui che la moglie sono cresciuti con una profonda morale cattolica, e di essere stato educato con regole severe su ciò che è appropriato e accettabile nella vita matrimoniale. Young trova proprio in questa affermazione di Matthew una sorta di confessione: il cybersesso gli aveva permesso di esplorare e dare sfogo a desideri repressi ed aveva rapidamente perso il controllo.

Anche la storia di Anne, sposata da 17 anni, spiega bene quali possono essere le motivazioni che spingono un normale utente della rete verso la dipendenza. Anne racconta alla Young che spesso soffriva di solitudine, dato che il marito lavorava fino a tarda sera e aveva iniziato a riempire quegli spazi vuoti attraverso cyberpornografia e cybersesso. Arrivò perfino a registrare un filmato di lei in azione durante un incontro sessuale via webcam; filmato che venne scoperto dal marito che chiese immediatamente il divorzio.

2.2 Dipendenza cyber-relazionale

Negli ultimi anni abbiamo assistito ad un cambiamento radicale della rete. All'inizio le possibilità offerte dal web erano molte ma erano indirizzate sopratutto agli addetti ai lavori o a chi si apprestava ad usare internet per motivi commerciali, per lo scambio di idee, servizi, oggetti e quant'altro fosse possibile condividere in rete. Non esistevano ancora le piattaforme sociali, i cosiddetti *Social Networks*. Badoo, Netlog, Myspace, Twitter e il più consistente, per numero di iscritti, Facebook. Nel 2008 la diffusione di Facebook è stata così esponenziale da posizionare l'Italia al primo posto della classifica mondiale dei paesi con maggiore percentuale di incremento utenti. Nello specifico ed in breve Facebook, come altri, rappresenta una comunità di persone che cercano e vogliono mantenere contatti con vecchi e nuovi amici, condividendo foto, video e contenuti della propria vita. In pochi anni Facebook e divenuto uno dei dieci siti maggiormente cliccati e frequentati del web, acquisendo in breve tempo milioni e milioni di utenti in tutto il globo. Anche molti personaggi dello spettacolo, importanti e conosciuti manager e politici di spicco hanno aperto la loro pagina personale su Facebook, Twitter e su altri diffusissimi social networks, cambiando radicalmente i modi e i mezzi della comunicazione di massa del terzo millennio.

Purtroppo però, accanto alle caratteristiche positive di visibilità, congregazione, condivisione, recupero di vecchie conoscenze ed amicizie e nascita di nuove, sono comparse anche delle novità assai negative, in particolare legate ai tempi e alle modalità di connessione degli utenti. Questa modalità di dipendenza va sotto il nome di dipendenza *cyber-relazionale* ed è caratterizzata da: tempi di connessione più o meno elevati; costante e più che frequente aggiornamento e controllo della propria pagina web o profilo; incessante ricerca di nuove amicizie virtuali da poter registrare sul proprio profilo così da incrementare il numero di "amici", la cosiddetta *amicodipendenza*; sintomi di craving durante il periodo di disconnessione, così come accade nelle più comuni dipendenze.

L'ingresso dei social networks, agglomerati di funzioni diverse cui è possibile accedere insieme ad altri utenti dove esiste la possibilità di chattare, postare note e commentare quelle degli altri, condividere video, foto e siti web, ha comportato un profondo cambio delle abitudini quotidiane di

16

molti utenti della rete. La necessità di stare collegati e/o aggiornare i contenuti personali della propria pagina è un modo per comunicare al mondo la propria presenza e spesso può risultare appagante vedere che qualcuno ha commentato o ha cliccato sul tasto *Mi piace*, leggendo un post sulla nostra pagina. E così, sempre di più ad ogni nuova connessione cerchiamo di raggiungere la medesima sensazione di appagamento continuando ad aggiornare e a modificare i contenuti presenti sul nostro profilo.

Si può infine arrivare ad accusare sintomi di astinenza. Oggi i social network ci ricordano continuamente le cose fantastiche che gli altri stanno vivendo e condividono attraverso foto, commenti e quant'altro e spesso la disconnessione è associata alla paura di perdersi qualcosa e non poter partecipare alle gioie e ai dolori degli altri utenti connessi in rete. Questa paura di sentirsi scollegati dal mondo e il desiderio profondo, associato a disagi psicofisici, di connettersi quando non ci si è collegati per un certo periodo tempo, rischia d'instaurare all'interno dell'utente una presenza sempre maggiore di pensieri fissi e di forti impulsi verso come e quando connettersi. Le dipendenze cyber-relazionali sembrano dipendere dal forte senso di sicurezza, di personalità e di socialità che tale forma di siti sono in grado di fornire. In realtà tutte queste dinamiche psico-emotive personali ed interpersonali si basano su qualcosa di virtuale, dando in tal modo sicurezze ed autostima fittizie ben presto raggiunte da pericolosi sintomi di dipendenza, isolamento sociale e conseguente menomazione delle principali sfere vitali come quelle lavorativa, familiare, sociale e affettiva. Paradossalmente, senza una connessione sembra che tutto il mondo intorno al dipendente diventi improvvisamente deserto di possibilità, impulsi e scambi emotivi ed è evidente una distorsione dei rapporti affettivi e sociali e quindi una lenta disgregazione dal gruppo familiare ed amicale.

Vale la pena riassumere qui la storia raccolta dalla dottoressa Young che vede come protagonisti David e Sarah, sposati da ventitre anni con due figli, che al tempo in cui successero i fatti che Young ci narra, avevano entrambi lasciato il focolare famigliare per prendere la propria strada. La vita di questi due coniugi fu scossa dall'arrivo in casa di un computer e un modem, che David acquistò per meglio gestire le loro finanze. Sarah racconta alla dottoressa Young quanto questo nuovo oggetto arrivato in casa assorbisse completamente il suo David, ormai diventato un esperto nell'uso dei software per la gestione di titoli azionari. Le abitudini di David iniziarono pian piano a modificarsi radicalmente. Iniziò a cenare davanti al pc e a sacrificare ore di sonno per restare connesso fino a tarda notte su forum e chat di finanza online, giustificandosi agli occhi delle moglie dicendole che presto sarebbero potuti andare in pensione prima del tempo. L'entusiasmo iniziale colpì positivamente Sarah che fu accondiscendente alle nuove abitudini domestiche introdotte dal marito. Ma man mano che passarono le settimane Sarah iniziò a lamentarsi per il calo della libido del suo coniuge, dopo svariate notti insonni passate di fronte al pc David le diceva di essere troppo stanco per fare l'amore, facendo crescere in lei insoddisfazione e sospetto. Sarah ammise alla Young che pensò addirittura che il marito avesse una relazione extraconiugale, ma dato che restava a casa tutte le sere e si era da sempre dimostrato fedele, i conti non le tornavano. Sarah non si era resa conto di essere diventata una *cybervedova*. Immaginava che il marito avesse una relazione con un'altra ma non credeva fosse possibile proprio perché la immaginava nei termini di una relazione reale, del genere con telefonate clandestine ed incontri segreti in alberghi. Sarah ignorava totalmente che il marito avesse iniziato una relazione online, ma riusciva comunque a percepire gli effetti negativi che questa aveva introdotto nella sua vita coniugale. Fu così che all'insaputa di David, Sarah accese il pc e iniziò a frugare fra i suoi file privati per cercare di capire cosa potesse giustificare i cambiamenti delle abitudini di suo marito. Fra i file privati Sarah trovò una lettera d'amore e David fù costretto ad ammetterle che gli era capitato, a tarda notte, di "giocare" nelle cosiddette *meeting room*, ma le disse che era uno scherzo, che era la lettera di una sconosciuta e non aveva di ché preoccuparsi. Le disse che d'ora in poi avrebbe cercato di venire a letto prima e che le avrebbe concesso maggiori attenzioni. Sarah, racconta alla Young che fu molto scossa da quella lettera singolare, ma fu soddisfatta dalle scuse del marito e non prese altri provvedimenti, nonostante fosse tentata di distruggere quel pc. Cosa che fece qualche mese più tardi quando trovò la stampata di una delle intime chiacchierate che David teneva con "AQUA VELVET", nickname usato da una certa Janice nelle chat per incontri che David frequentava ormai ogni notte. In quella conversazione David e Janice si scambiavano amorevoli complimenti non nascondendo il profondo desiderio carnale che provano l'uno per l'altra nonostante non si siano mai conosciuti. Sarah disperata per la scoperta tentò di riprendere il rapporto con il marito, forte del fatto che David nonostante ammettesse di aver iniziato una relazione online le aveva garantito di non essere mai andato oltre. Purtroppo ben presto David iniziò a maturare un atteggiamento di difesa nei confronti della moglie. Dice Sarah "Non era più l'uomo ragionevole e paziente che avevo conosciuto" e alla proposta di lei di tentare insieme una terapia di coppia lui rispose con un fermo no, manifestando la propria intenzione di non voler più infondere energie in quel rapporto che era andato avanti per ventitré anni. Sarah fu costretta ad ammettere la verità, suo marito aveva conosciuto una donna su internet e si era innamorato di lei e l'unica proposta ventilata da David era il divorzio. Attualmente David e Janice sono sposati e forse anche felici. Sarah, un po' meno.

2.3 Net Gaming e MUDs

La cosiddetta *generazione Nintendo*, ovvero la generazione comprendente i nati nei tardi anni ottanta, ha visto nascere e morire dozzine, per non dire centinaia, di piattaforme di gioco diverse. Lo sviluppo dei mezzi informatici ha contribuito all'uso del pc anche come mezzo di divertimento sia individuale che di gruppo e il fenomeno in sé per sé non risulta particolarmente preoccupante. Bisogna però considerare il fatto che il giocatore si può rinchiudere in questi giochi facilmente e arrivare a spendere più tempo con i videogame che con la vita reale, date le elevate possibilità di gioco offerte.

Dei cosiddetti MUD (*Multi-User Dungeon*) o MMORPG (*Massively Multiplayer Online Role-Playing Game*) la rete ne è piena zeppa e si può scegliere se vestire i panni di un imbattibile guerriero medievale, un esperto astronauta in missione aerospaziale, un abile mago in un mondo fantastico popolato da elfi e folletti, un abile veterano in missione in Afghanistan; insomma si può vestire i panni di chiunque, basta essere armati di fantasia e di un buon portale. Il caso più famoso di MMORPG è sicuramente WoW (*World of Warcraft*) che garantisce ogni giorno l'accesso a ai suoi 12 milioni di utenti sparsi in tutto il mondo. WoW dà la possibilità ai propri utenti di creare avatar personalizzati, scegliendo fra orchi, draghi, elfi, maghi e decine di altri personaggi di fantasia. Gli utenti giocano ore e a volte intere giornate, avventurandosi nell'universo tridimensionale creato appositamente per il loro svago. In questo universo tridimensionale parallelo, gli avatar possono comunicare, combattere, comprare oggetti e accrescere le proprie abilità, gratificando così il giocatore che può raggiungere risultati nuovi e sempre più mirabolanti. I giochi di questo tipo non finiscono mai e l'unico modo per accrescere le potenzialità del proprio avatar è continuare a giocare, ora dopo ora, giorno dopo giorno. Questo fenomeno diventa particolarmente preoccupante quando l'utente passa buona parte della sua giornata su un computer.

Nei MMORPG, la sensazione di agire in un mondo "reale" è data anche dal fatto che solitamente il gioco ha una propria moneta virtuale che può essere scambiata con quella reale e per alcuni, giocare diventa un vero e proprio lavoro. Alcuni utenti arrivano al punto di scendere nella vita reale solo per cucinarsi il pranzo e dormire. Questo per quanto riguarda gli adolescenti, nonostante una buona percentuale dei giocatori MUD's sia costituita da adulti.

I soggetti adulti, oltre ai famigerati MUD's hanno a disposizione molte altre modalità di gioco in rete, un esempio su tutti sono i casinò online e particolarmente diffuse in questo ultimo periodo sono anche le community di poker online. Su queste piattaforme è possibile giocare cifre abbastanza elevate, semplicemente restando seduti davanti a un monitor armati di carta di credito e non è difficile che in soggetti particolarmente predisposti siano visibili in poco tempo i sintomi del gioco d'azzardo patologico.

E' utile, per comprendere la complessità del problema relativo al gioco online, riportare qui il contenuto di una lettera scritta da Mustafa Solmaz e Hasan Belli (2011), entrambi ricercatori presso il dipartimento di psichiatria del General Hospital di Istanbul, e indirizzata all'editore di Science Direct. In questa lettera i due ricercatori chiedono di prestare attenzione al caso specifico di un adolescente che seguono ormai da mesi. Achmed ha 16 anni, frequenta le scuole superiori, ma ha dovuto ripetere l"ultimo anno a causa del suo assenteismo. Due anni fa, Achmed, era uno studente abbastanza normale e con voti di poco sopra la media. Negli ultimi due anni, Achmed ha gradualmente aumentato il numero di ore spese davanti al pc, portando la connessione giornaliera ad una media di venti ore. Insomma, Achmed è diventato completamente dipendente dalle attività che svolge online. I genitori hanno provato a tagliare la connessione internet, eliminando completamente tutti i pc e i cellulari in casa, tentando di dissuaderlo dalla sua dipendenza, ma questo ha generato solo conflitti con con suo padre, che è anche finito in ospedale dopo una lite con il figlio. La rimozione di modem e pc dall'abitazione famigliare ha spinto il ragazzo a recarsi negli internet cafè ad ogni orario disponibile, portandolo alla decisione di non andare più a scuola pur di restare connesso. Alle interviste dei due ricercatori il ragazzo è apparso totalmente conscio della sua dipendenza, spiegando ai due che era il prezzo necessario da pagare per appartenere al gruppo di Hacker di cui lui faceva parte. Il gruppo era costituito da sei livelli, da iniziato fino ad esperto, e per passare di livello in livello era necessario compiere svariate missioni che comprendevano la distruzione di siti nemici, il furto di dati sensibili online, la distruzione del materiale pornografico presente in rete. Dopo centinaia di missioni svolte, Achmed non pensava ad altro se non a portarne a termine nuove e spesso restava connesso ore ed ore in attesa di una nuova missione commissionatagli dai livelli più alti del gruppo, tanto che negli ultimi due anni Achmed ha ammesso di non essere stato off-line neanche per un giorno.

Quando il padre provò a proibirgli l'accesso ad internet, egli provò ansia intensa e ira, arrivando alla conclusione che era meglio abbandonare la propria famiglia se questa avesse continuato a negargli l'accesso ad internet. Nella lettera i due ricercatori includono le metodologie, i tempi e le terapie usate per trattare questo nuovo tipo di dipendenza, che vedremo più avanti nel capitolo dedicato, concludendo che a loro avviso la dipendenza da internet si sta diffondendo molto più velocemente rispetto a tutte le altre dipendenze e si augurano che la comunità scientifica ne prenda atto al fine di sviluppare nuove strategie per proteggere le fasce più giovani della popolazione.

Una ricerca interessante per comprendere meglio la portata del problema è stata svolta presso il Department of Psychiatry, Kaohsiung Medical University Hospital di Taiwan ad opera di un pool di ricercatori dalle competenze più diversificate. Questo studio si prefiggeva l'obiettivo d'individuare i substrati neurali coinvolti nel gioco online, attraverso la valutazione dell'attività cerebrale delle aree coinvolte nella creazione del desiderio di giocare. In questo ingegnoso lavoro di ricerca pubblicato sul Journal of Psichiatric Research (2009) sono stati presi ad esame venti partecipanti. Tutti i partecipanti all'esperimento erano maschi di madrelingua cinese e destrimani. I criteri d'inclusione per il gruppo preso in esame erano: gioco compulsivo diagnosticato attraverso il reattivo DCIAC-C (Ko CH, Yen JY, Chen SH, Yang MJ, Lin HC, Yen CF, 2005), e dipendenti specificatamente dal suddetto gioco WoW. Il gruppo di controllo è stato individuato in dieci soggetti per cui è stata verificata la non dipendenza da giochi online. I criteri di esclusione usati per individuare il gruppo di controllo erano: l'uso di sostanze illegali durante l'arco della vita, episodi di depressione, disturbi bipolari, disturbi psicotici, ritardi mentali, malattie neurologiche e intolleranza alla risonanza magnetica. Sono stati così individuati dieci soggetti con dipendenza da gioco online diagnosticata, i quali ammettevano un uso del gioco online superiore alle trenta ore settimanali e dieci soggetti di controllo, i quali non superavano le due ore al giorno di connessione internet. Per verificare la tesi dell'esperimento, secondo cui l'attività neurale sottesa al craving indotto attraverso uno stimolo in giocatori compulsivi di WOW è simile all'attività neurale sottesa al craving indotto attraverso uno stimolo nei dipendenti da sostanze, i ricercatori si sono serviti della risonanza magnetica funzionale. Il procedimento dell'esperimento, come mostrato in fig1, consisteva nel sottoporre ai partecipanti durante la fMRI sei sessioni di immagini attraverso un monitor posto di fronte i loro occhi. Ogni sessione era costituita: da otto immagini stimolo neutrali poste di fronte al soggetto per una durata di 2,5 secondi ognuna, intervallate da uno sfondo nero della durata di 0.5 secondi; da 8 immagini stimolo tratte dal gioco in questione, anch'esse mostrate al soggetto per 2,5 secondi con un intervallo di 0,5 secondi costituito da uno sfondo nero. Ogni sessione aveva quindi una durata di 24 secondi. L'esperimento aveva una durata totale di 288 secondi durante i quali venivano raccolte attraverso la fMRI le immagini della regione d'interesse (ROI) presa in considerazione dai ricercatori. La regione d'interesse è stata scelta in base alle precedenti ricerche in merito all'individuazione del craving generato dall'astinenza da sostanze, e in particolare: corteccia orbitofrontale destra, nucleus accumbens, nucleuo caudato, corteccia bilaterale del cingolo anteriore e corteccia bilaterale fronto-mesiale, lobo medio frontale e corteccia frontale superiore destra.

Poiché le immagini raccolte mediante fMRI necessitano di diversi secondi prima di mostrare l'attività cerebrale del soggetto, l'esperimento iniziava chiedendo ai partecipanti di fissare un'immagine neutra mostrata sul monitor per un totale di 36 secondi prima d'iniziare le sei sessioni d'immagini. L'attività cerebrale è stata registrata quindi per un totale di 324 secondi. Ai partecipanti veniva richiesto espressamente di non addormentarsi durante l'esperimento e di non distogliere mai lo sguardo dall'immagine neutra e dall'immagine tratta da WoW.

Alla fine della fMRI veniva richiesto ai partecipanti d'indicare su una scala da 0 a 10 l'urgenza di giocare percepita quando avevano sotto gli occhi le immagini stimolo tratte dal MUD in questione.

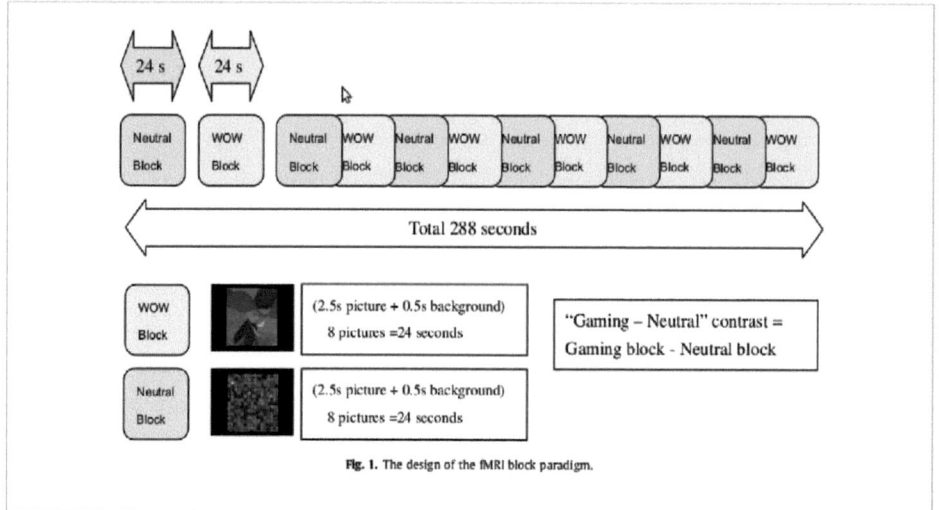

Fig. 1. The design of the fMRI block paradigm.

I risultati di questa ricerca si sono dimostrati straordinari, in quanto i ricercatori hanno potuto appurare che la corteccia orbitofrontale destra, la corteccia bilaterale del cingolo anteriore, la corteccia medio frontale, nucleo caudato e nuclues accumbens e DLPFC (corteccia dorsolaterale prefrontale) erano attivate quando i partecipanti con dipendenza da netgaming osservavano le immagini stimolo tratte da Wow. Al contrario nel gruppo di controllo non si riscontravano attività particolari dell'encefalo legate agli stimoli indotti. L'attivazione delle sei aree in questione è stata correlata positivamente con le risposte date nell'intervista finale da tutti i partecipanti.

Poiché il craving indotto da immagini stimolo è una reazione complessa che comprende funzioni quali memoria, apprendimento, gratificazione e condizioni attuali dei partecipanti, bisogna ammettere che il ruolo svolto da queste sei aree è diversificato e ognuna svolge una funzione diversa (per maggior approfondimenti rimando all'articolo in questione). Ma nonostante le evidenti limitazioni di uno studio del genere, bisogna ammettere che questa è la prima ricerca che dimostra l'attivazione di particolari aree dell'encefalo nei soggetti dipendenti da WoW in seguito a stimoli relativi al gioco stesso. Inoltre i risultati ottenuti dai ricercatori sono comparabili a quelli ottenuti in precedenti ricerche che hanno seguito lo stesso metodo d'indagine su soggetti dipendenti da sostanze.

In conclusione i ricercatori affermano che l'attività neurale data dall'attivazione stimolo correlata indotta in soggetti per cui è stata diagnosticata dipendenza da internet corrisponde strettamente all'attività neurale sottostante alla sensazione di craving, nei soggetti dipendenti da sostanze.

Questi risultati suggeriscono che la dipendenza da netgaming condivide gli stessi meccanismi neurobiologici sottostanti all'abuso da sostanze.

2.4 Sovraccarico cognitivo

Abbiamo appurato finora gli innegabili vantaggi della rete e le innumerevoli peculiarità che rendono Internet innovativo e insostituibile. La rete facilita l'apprendimento attivo ed esperienziale amplificando le opportunità di ristrutturazione della conoscenza. Inoltre l'approccio del web è multicomponenziale e grazie alle attività interattive e all'enorme possibilità di scelta, internet promuove l'individualizzazione e in particolare il rispetto degli stili e dei ritmi personali di apprendimento. Attraverso la varietà e la flessibilità delle proposte pone le basi per un apprendimento più efficiente e produttivo.

Ma vorrei introdurre anche un'altra idea, ancora più intrigante anche se più raramente espressa, e cioè che l'uso della rete, a prescindere dai vantaggi, è inevitabile. Possiamo staccarci dalla rete per un'ora, un giorno o anche una settimana, ma scollegarsi per sempre non è più possibile. Dobbiamo e dovremo sempre più usare il web nell'educazione anche solo per il fatto che noi, nostri figli e i nostri nipoti vivremo e lavoreremo sempre più in un mondo basato sui computer. Le nuove tecnologie, quindi connotano e connoteranno sempre più il nostro ambiente di lavoro e di vita. Diventa utile, quindi valutare come la rete modifichi sostanzialmente il nostro stile di apprendimento. Ad un'occhiata superficiale, una serie di persone che stanno studiando davanti a un computer sembrano comportarsi allo stesso modo quasi che l'impersonalità della macchina si estenda anche all'utente, e non è possibile comprendere tutto ciò che avviene all'interno della mente di un individuo così come è impossibile vedere tutto ciò che avviene all'interno di un computer. L'interazione uomo macchina è così stringente che diventa difficile seguire passo per passo una persona esperta nell'uso della rete mentre svolge una ricerca online. La velocità di trasmissione dati è enorme e la scelta del percorso da seguire varia a seconda delle capacità, la cultura e l'attenzione prestata dal navigatore. Pertanto diventa complicato riuscire a seguire il filo di una ricerca senza incappare in una delle trappole più subdole della rete, costituita proprio dall'enorme quantità di dati che è possibile visionare. Il *sovraccarico cognitivo*, meglio conosciuto come *Information overload(ing)*, si verifica quando si ricevono troppe informazioni per riuscire a prendere una decisione o sceglierne una specifica sulla quale focalizzare l'attenzione. La grande quantità di informazioni che è possibile ottenere alla velocità di un click crea una reale inibizione nelle capacità di scrematura. Ad esempio vi sono soggetti che passando in continuazione da un sito web all'altro, non riescono a fermarsi né a ricordare le informazioni ricevute, poiché viene percepito tutto come quello che, in termini cognitivi, viene definito rumore. Mal di testa, tensione nervosa, sensazione di confusione, forti difficoltà di concentrazione, perdita di efficienza, irritabilità, e stanchezza eccessiva in seguito a sforzi minimi, sono tutti chiari sintomi del cosiddetto *Surfing*. Fra studenti o chi usa internet per motivi di lavoro non è difficile incontrare qualcuno che almeno una volta non si sia *perso* durante la navigazione fra le varie pagine del web al punto da non ricordare né da dove era partito né cosa si era prefisso di ricercare in rete. Le cause del sovraccarico cognitivo possono essere ricercate nella natura stessa della rete che offre migliaia di informazioni spesso non controllate e fuorvianti, ma sopratutto nelle capacità di ricerca di chi si appresta ad usare internet. La scrematura delle informazioni richiede infatti un certo sforzo intellettuale e può capitare che manchino le energie necessarie per poter navigare correttamente ed è proprio a causa di ciò che spesso si passa involontariamente dallo svolgimento di una ricerca online al surfing più sfrenato fra migliaia di pagine web, inutili allo scopo che ci eravamo prefissati. Il surfing è quindi da considerare come una dipendenza concomitante piuttosto che una dipendenza sé stante, proprio per la natura multicomponenziale che lo costituisce e che rende difficile poterlo identificare in una precisa tassonomia di comportamenti definiti.

CAPITOLO 3

IAD TRA CRITICHE E PERPLESSITA'

"Internet è così grande, così potente e inutile, che per alcune persone è un completo sostituto della vita"

Andrew Brown

3.1 Esiste una visione univoca del disturbo?

L'uso patologico della rete caratterizzato dall'eccessivo tempo speso online da parte di utenti che hanno riscontrato una dipendenza sembra quindi essere una realtà da non sottovalutare.

La rete ha un'estensione globale e pertanto i lavori di ricerca svolti finora comprendono aree geografiche diverse e distanti fra loro anche culturalmente. Bisogna riconoscere però che i ricercatori che hanno affrontato il problema delle dipendenze online hanno seguito filoni di pensiero similari e riconducibili agli schemi della comunità scientifica. Le ricerche svolte fino ad oggi si rifanno a differenti metodologie di studio e si possono individuare analisi psicometriche, questionari, uso di reattivi e analisi tomografiche. E' utile riportare qui le revisioni critiche raccolte da Griffiths in merito alle diverse tipologie di ricerca svolte finora. Griffiths (2000) ritiene che buona parte degli utenti che usano la rete in modo eccessivo non ne sono dipendenti, in quanto usano Internet per soddisfare altre dipendenze specifiche. La sua ipotesi, basata sulla valutazione delle ricerche empiriche svolte sul campo, è che possiamo individuare generalmente quattro aree diverse d'indagine affrontate finora:

a) Studi attraverso questionari che comparano utenti che usano la rete eccessivamente e utenti che ne fanno un uso sporadico

b) Studi attraverso questionari che esaminano gruppi vulnerabili all'uso eccessivo della rete, tra cui spiccano gli studenti

c) Casi di studio basati su singoli utenti che usano la rete eccessivamente

d) Studi volti a svelare le correlazioni fra l'uso eccessivo della rete e altri comportamenti quali problemi psichiatrici, depressione, ecc..

Cerchiamo quindi di dare una valutazione di queste quattro grandi aree di ricerca punto per punto:

a) Questionari comparativi fra utenti che usano la rete eccessivamente e utenti che ne fanno un uso sporadico

Come abbiamo potuto leggere nei capitoli precedenti, le prime ricerche aventi valore empirico riguardo l'uso eccessivo della rete sono state condotte dalla Young attraverso l'Y.D.Q (tab.1). basato sui criteri usati per la diagnosi del gioco d'azzardo patologico presenti nel DSM-IV. La modifica di

25

questi criteri ha portato la Young a sviluppare otto ITEM partendo dal presupposto che l'eccessivo uso di internet sia molto simile al gioco d'azzardo patologico. L'Y.D.Q. fu somministrato per la prima volta ad un campione di 496 persone autoselezionatesi per mezzo di un annuncio online pubblicato dalla Young attraverso un blog di ricerca psichiatrica. Su 496 partecipanti di cui il 60% donne, 396 risposero positivamente a cinque o più degli ITEM predisposti dalla Young, dimostrandosi quindi dipendenti dalla rete. Fu riscontrato inoltre che i soggetti dipendenti mediamente passavano online 38,5h a settimana rispetto alle 4.9h dei non-dipendenti. Le attività svolte online dai dipendenti consistevano in chat, forum e invio/ricezione di email, portando la Young a due conclusioni:

1. l'interattività delle attività svolte in rete è direttamente proporzionale al rischio di assuefazione
2. gli utenti non dipendenti riportavano piccole conseguenze negative dall'uso della rete mentre gli utenti dipendenti riportavano significativi cambiamenti in molte aree della loro vita quali la salute, il lavoro, le interazioni sociali e la stabilità finanziaria.

Ad ogni modo questo studio è limitato ad un numero relativamente ristretto di partecipanti autoselezionatisi. Inoltre la Young non nascose ai partecipanti l'intento della propria ricerca, in quanto lo indirizzò ad *avid Internet users* creando quindi degli ovvi biases fin dal principio. Non si può pertanto inferire una validità totale ai risultati ottenuti da questo primo questionario, ma gli si può comunque riconoscere il merito di aver dato inizio ad una nuova stagione di ricerche in un campo del tutto inesplorato.

Tabella 1 Young's (1996a) criteri diagnostici per la dipendenza da internet

1. Si sente inquieto quando pensa ad internet (pensa mai alla sua ultima sessione online o alla prossima che verrà)?
2. Sente il bisogno di dover aumentare il numero di ore di connessione per raggiungere la soddisfazione prevista ad ogni connessione?
3. Ha mai provato ripetutamente a controllare, tagliare o ridurre l'uso di Internet, senza ottenere alcun successo?
4. Si sente nervoso, intrattabile, depresso o irritabile quando prova a controllare o tagliare completamente l'uso di Internet?
5. Quante volte si è accorto di essere rimasto online più a lungo di quanto intendeva?
6. Ha mai messo a rischio relazioni importanti, il lavoro o opportunità di carriera a causa di Internet?
7. Ha mai mentito a membri della sua famiglia, terapisti o altri al fine di nascondere il suo coinvolgimento con la rete?
8. Usa internet per evadere da problemi o per attenuare momenti di depressione?

Successivamente al lavoro svolto da Young il tema dell'Internet Addiction Disorder fu trattato da diversi ricercatori. L'anno seguente, ad opera di Brenner (1997) fu costituito un reattivo chiamato Internet-Related Addictive Behaviour Inventory, costituito da 32 ITEM vero/falso. La scelta degli ITEM da parte di Brenner fu svolta in base ai criteri usati nel DSM-IV per la diagnosi di abuso da sostanze. Il reattivo fu proposto per la prima volta ad un campione di 563 persone, di cui il 73% maschi, che attestavano un uso medio minimo di Internet di 19h settimanali. Nei risultati finali Brenner non riportò alcuna differenza di genere e i dati raccolti sembravano indicare ci fosse una differenza sostanziale fra gli utenti che usavano internet da più tempo rispetto a quelli che avevano iniziato ad usarlo da poco: nonostante il tempo speso online fosse mediamente lo stesso, gli utenti "veterani" accusavano meno i problemi relativi all'uso eccessivo della rete. Inoltre Brenner riscontrò che un numero consistente di utenti mostrava problemi relazionali legati proprio all'uso eccessivo della rete. Il limite di questa ricerca, secondo Griffiths, è la poca chiarezza dimostrata da Brenner nello spiegare quali siano gli ITEM contenuti nell'IRABI riferibili a chiari segni di dipendenza da Internet e pertanto i risultati ottenuti mediante questo specifico reattivo richiedono una certa quantità di prudenza nelle interpretazioni che se ne traggono. Resta comunque valida l'ipotesi per cui il tempo di connessione non è un fattore determinante nella diagnosi di un'eventuale dipendenza da internet.

b) Questionari che esaminano gruppi vulnerabili all'uso eccessivo della rete, tra cui spiccano gli studenti

I risultati delle ricerche svolte fino ad oggi concordano nell'individuare negli studenti la popolazione maggiormente soggetta ai rischi derivanti dall'eccessivo uso del web. Gli studenti usano internet per le loro ricerche scolastiche o semplicemente per scambiare mail, chat o controllare gli aggiornamenti su social network dimostrandosi quindi una categoria ad alto livello di vulnerabilità. La popolazione studentesca ha a disposizione un'enorme quantità di tempo libero che solitamente non viene pianificato e spesso, data la flessibilità della vita studentesca, viene impiegato in attività online senza che lo studente si preoccupi del tempo speso fra una pagina web e l'altra.

Scherer (1997) propose il suo reattivo, *Clinical Symptoms of Internet Dependency*, ad un campione di 531 studenti dell'università del Texas, ad Austin. Di questi, 381 usavano internet una volta a settimana dimostrandosi poco utili ai fini della ricerca, mentre i restanti 49 risultarono internet dipendenti in base al reattivo formulato da Scherer. Gli internet dipendenti individuati da Scherer erano per il 71% maschi con una media di connessione di 11h settimanali, impiegate sopratutto nell'uso di chat e applicazioni interattive. La profonda debolezza di questo studio è dimostrata dalla scarsità di tempo dedicato dagli studenti ad Internet, in quanto risulta arduo dimostrare che un uso della rete distribuito in 11h settimanali possa essere considerato eccessivo o creare una vera e propria dipendenza.

Nel 1998 Anderson prese in esame 1.302 studenti provenienti da college europei e statunitensi ben distribuiti fra maschi e femmine. Mediamente l'intero campione usava internet 100 minuti al giorno e solo il 6% dei partecipanti superava la soglia dei 400 minuti giornalieri. Anderson costruì la sua indagine usando questionari basati sugli stessi criteri adoperati nel DSM-IV per individuare la dipendenza da sostanze. Dalla sua ricerca risultarono dipendenti 106 studenti, il 9,8% del campione totale, di cui 97 erano maschi. Il questionario proposto era costituito da domande a risposta multipla riguardanti la quantità di tempo speso in rete, abitudini di studio, performance accademiche e personalità dello studente. Il gruppo individuato come internet dipendente aveva una media di connessione di 229 minuti al giorno. Secondo i risultati ottenuti da Anderson gli studenti che attestavano un uso eccessivo della rete riportavano conseguenze negative più massicce rispetto agli studenti che ne facevano un uso più sporadico.

I due studi proposti in questo paragrafo sono rappresentativi delle linee guida usate finora nella ricerca dell'internet dipendenza fra gli adolescenti e gli studenti universitari e da entrambi possiamo dedurre alcune debolezze comuni. La scelta del campione è esigua, per trarre conclusioni generali ed inoltre in entrambi gli studi fin qui proposti i partecipanti si sono auto selezionati dichiarandosi volontari. Come osservato da Griffiths inoltre, non è stato considerato il contesto dell'eccessivo uso di internet in quanto non è stato indagato se i partecipanti usassero internet per mantenere vive relazioni a distanza, per ricerche legate ai loro studi o se usassero internet per svolgere parte integrante del loro lavoro. Pertanto nessuno di questi studi mostra risultati consistenti o specifiche relazioni fra le attività svolte online e la dipendenza da internet. Griffiths sottolinea la mancanza di studi longitudinali per poter comprendere meglio la relazione fra gli utenti e la rete lungo un periodo di tempo abbastanza ampio per poter trarre conclusioni riguardo l'incidenza del cyberspazio nella vita sociale di chi la usa massivamente rispetto a chi ne fa un uso più moderato.

E' evidente che l'uso di internet nelle scuole e nei campus universitari è cresciuto esponenzialmente negli ultimi anni in quanto è un mezzo privilegiato per fare ricerca e allargare i propri orizzonti. Non bisogna pertanto sottovalutare l'impatto di internet nella vita studentesca ed è evidente che le prossime ricerche non potranno sottovalutare la vulnerabilità alla rete, cui questa categoria è sottoposta.

c) Casi di studio basati su singoli utenti che usano la rete eccessivamente

Nel considerare i singoli casi di studio relativi all'Internet Addiction Disorder bisogna tener conto di una questione fondamentale: se è vero che è possibile instaurare una relazione di dipendenza restando connessi per un tempo relativamente lungo alla rete Internet, allora diventa di vitale importanza comprendere precisamente da cosa le persone diventano dipendenti. Chi usa internet eccessivamente ricerca nel medium la possibilità di poter svolgere un particolare tipo di attività che lo rende dipendente, pertanto si può individuare nella rete il tramite fra l'individuo e l'oggetto della sua dipendenza. Griffiths afferma che la maggior parte degli studi dimostrano che la dipendenza da internet colpisce solo una minima percentuale degli utenti connessi in rete suggerendo che proprio i casi singoli possono dimostrare se esiste o meno una dipendenza da internet, anche se non sono rappresentativi in termini statistici. Griffith (2000) riporta due casi singoli da lui trattati e che rivelarono una dipendenza confermata dai criteri diagnostici: Gary e Jamie, entrambi maschi e adolescenti. In breve i due ragazzi avevano compromesso buona parte della loro relazioni sociali reali per restare collegati alla rete il maggior tempo possibile. Internet era diventato la cosa più importante della loro vita e presto svilupparono una tolleranza nel tempo, soffrendo inoltre di sintomi di craving quando non erano connessi e mostrando delle ricadute durante lunghi periodi d'astinenza cui vennero costretti nel trattamento della loro dipendenza. Griffiths sottolinea l'importanza delle potenzialità sociali della rete, in quanto in entrambi i casi da lui presi in esame internet rappresentava sopratutto un mezzo per stabilire contatti sociali. La rete può diventare un'alternativa alla realtà dove gli utenti sono capaci d'immergersi in personalità fittizie che li aiutano a sentirsi bene con se stessi. In altri casi di uso eccessivo della rete infatti è evidente che Internet viene usato per stabilire contatti sociali neutralizzando inadeguatezze quali disabilità fisiche, scarsa stima in se stessi e mancanza di supporto nella vita reale.

Black e altri ricercatori nel 1999, portano ad esempio due casi interessanti. Il primo è un uomo di 47 anni che riportava un uso quotidiano di Internet fra le 12h e le 18h quotidiane. Possessore di tre personal computer aveva contratto diversi debiti per comprare tutto l'armamentario tecnologico costituito da modem, connessioni e accessori. Ammise di sostenere diverse relazioni amorose online nonostante fosse sposato e padre di tre bambini. Inoltre ebbe diversi problemi con la giustizia legati alla sua attività di pirata informatico. Il secondo caso si riferisce invece ad un uomo divorziato di 42 anni che ammise di voler passare tutto il giorno connesso in rete. Delle 30h settimanali di connessione ammesse dal soggetto, una buona fetta era dedicata alle chat-rooms dove l'uomo stringeva nuove amicizie e rincorreva potenziali partner virtuali. L'uomo infatti aveva frequentato diverse donne conosciute online e non aveva nessuna intenzione di tagliare la sua connessione nonostante i richiami da parte della sua famiglia. In entrambi i casi è evidente l'uso funzionale della rete come mezzo per stringere nuove relazioni, e si può supporre quindi che nei due si sia instaurata una dipendenza orientata all'attività svolta online piuttosto che verso il medium internet.

Leon e Rotunda (2000) riportano due casi studio in contrasto fra loro. Entrambi studenti del college, usavano internet per 8h o più al giorno. Il primo, uno studente di 27anni, fu descritto dai suoi amici e familiari come un ragazzo socievole ed estroverso. Durante una ricerca scolastica al terzo anno di college s'imbatté in un videogioco online che iniziò col diventare la sua attività quotidiana preferita. Il videogioco rimpiazzò le normali attività quotidiane dello studente che iniziò a cambiare le proprie abitudini per poter giocare più a lungo arrivando a passare tutta la notte davanti allo schermo. Lasciò due dei corsi che seguiva arrivando a 50h settimanali online. Diventò un tipo collerico e sensibile oltremodo, tanto che gli amici dichiararono ai ricercatori che la sua personalità era cambiata radicalmente. La velocità di connessione era estremamente importante per lui e per evitare sorprese spese i soldi della propria borsa di studio per comprare un modem e un pc più veloci eliminando così ogni rischio di disconnessione dal videogioco. A causa di ciò rischiò lo sfratto dall'abitazione in cui si trovava e cambiò le proprie abitudini alimentari. E' chiaro che la dipendenza dal medium aveva profondamente cambiato il comportamento e le abitudini di questo studente tanto che egli stesso ammise il proprio rapporto conflittuale con la rete.

Il secondo caso è riferito ad uno studente asiatico di 25 anni iscritto in un college americano per completare gli studi di lingue. Lo studente riportò le proprie difficoltà nello stringere nuove amicizie a causa delle differenze culturali fra lui e suoi compagni, lamentando la mancanza di altri ragazzi asiatici iscritti al college. Comprò un personal computer per poter restare in contatto con la famiglia, ascoltare la radio e leggere quotidiani e riviste del proprio paese, risentendo così meno della nostalgia di famigliari e amici. Ammise che internet era ormai diventato il suo unico svago dopo gli studi, arrivando a passare online 8h ogni giorno, ma non si considerava affatto dipendente. Nonostante non si sentisse a suo agio quando era disconnesso il ragazzo vedeva internet come un'abitudine quotidiana e giustificava la sua ansia da disconnessione dalla rete spiegando ai ricercatori che non era certo la mancanza di Internet a metterlo in ansia, ma la mancanza di un contatto con la famiglia per sapere cosa succedeva a casa. Internet, per questo studente asiatico era diventato un medium privilegiato per tenersi in contatto con i suoi affetti ed alleviare la sensazione di malessere e depressione legati alla distanza da casa; infatti il ragazzo definì la sua esperienza con la rete, sopratutto positiva.

Leon e Rotunda concludono quindi che solo il primo caso sembra mostrare una dipendenza dalla rete in quanto il tempo speso online causava problemi reali nella vita dello studente, al quale furono diagnosticati *disordine schizoide di personalità* e *disordine dei ritmi circadiani*, entrambi dipesi, secondo i ricercatori, da un uso eccessivo della rete. Al contrario il secondo caso mostra invece come Internet possa essere un rimedio per sopperire alla mancanza di amici e famigliari lontani alleviando così la nostalgia di casa. In breve, Leon e Rotunda contestano l'abitudine semplicistica di alcuni ricercatori nel legare la frequenza nell'uso della rete alla nascita di una patologia o una dipendenza ignorando i fattori di contesto e predisposizione associati al comportamento di un singolo individuo. Di fatti nell'individuare un'eventuale dipendenza dalla rete è utile comprendere le attività svolte per mezzo di essa al fine di distinguere fra modalità di connessione differenti che hanno un impatto diversificato su ogni individuo.

c) Studi volti a svelare le correlazioni fra l'uso eccessivo della rete e altri comportamenti quali problemi psichiatrici, depressione, ecc..

Internet, a causa delle sue proprietà intrinseche, può assumere la funzione di valvola di sfogo ed evasione e infatti può sostituire la lettura, il telefono, il cinema diventando di fatto un'esperienza totalizzante. In più della metà dei casi di dipendenza da internet, secondo Young (1998), si possono individuare comorbidità parallele e precedenti all'utilizzo della rete. Secondo Shapira (2000), la dipendenza dalla rete coopera insieme ad altri disturbi psichiatrici. Lo stesso Griffith è convinto che nella maggior parte dei casi Internet sembra essere un mezzo per poter continuare a perpetuare altri comportamenti disadattivi ben radicati. Alcuni fattori che si sono rivelati essere associati allo I.A.D. In una percentuale rilevante dei casi seguiti finora sono: dipendenza multipla, condizioni psichiatriche quali dipendenza da sostanze, sindrome di Asperger, depressione, disturbo ossessivo compulsivo, disturbo bipolare, compulsione sessuale, gioco d'azzardo patologico, o fattori situazionali, come burnout da lavoro, contrasto coniugale,abuso infantile ma anche poca stima di se stessi.

Armstrong, Philips e Salling (2000) investigarono attraverso l'IRPS Internet Related Problems Scale, un reattivo teso a misurare l'impatto negativo della rete sulla vita di tutti i giorni, quanto i fattori di bassa autostima e di ricerca di nuove sensazioni fossero predittivi di un uso eccessivo della rete. IRPS è una scala composta da 20 ITEM riguardanti fattori come la tolleranza, la salienza e l'impatto negativo dell'uso quotidiano della rete. I risultati da loro ottenuti dimostrano che l'autostima insieme al sensation seeking può essere un fattore predittivo di un'eventuale dipendenza. Su un campione di 50 partecipanti cui sottoposero l'IRPS fù dimostrato che bassi livelli di autostima e alti livello di sensation seeking erano correlati a punteggi medio-alti nelle scale del reattivo proposto, dimostrando quindi una propensione alla dipendenza della rete. Altri studi si sono occupati di comprendere la relazione fra autostima e uso eccessivo della rete (Widyanto L., McMurran M. 2004), ma lo scarso numero di partecipanti, così come nello studio affrontato precedentemente, rende difficile poter generalizzare le conclusioni cui sono arrivati. Inoltre in uno studio svolto da Lavin, Marvin, McLarney, Nola e Scott (1999) cui parteciparono 342 studenti, fu ottenuto il risultato diametralmente opposto. Su 342 partecipanti furono individuati attraverso l'IRABI 43 internet dipendenti, i quali ottennero punteggi scarsi di sensation seeking, contraddicendo quindi l'ipotesi di Armstrong, Philip e Salling. Diventa difficile, pertanto poter individuare nella ricerca di nuove sensazioni un fattore di rischio per gli utenti della rete. Così come diventa difficile poter individuare in specifici tratti di personalità dei fattori di rischio nell'uso del web. Shapira e altri (2003) condussero uno studio ad ampio raggio su 20 pazienti che presentavano comportamenti disadattivi verso la rete, presso l'ospedale psichiatrico di Pittsburgh. Lo studio consisteva in un'accurata valutazione psichiatrica di 20 individui, ottenuta mediante interviste faccia a faccia al fine d'identificare caratteristiche comportamentali, precedenti casi psichiatrici in famiglia e comorbità legate ad un uso problematico della rete. L'età media dei partecipanti era 36 anni, di cui 11 uomini e 9 donne. I ricercatori individuarono in parallelo all'uso della rete un significativo indebolimento delle attività sociali (19 partecipanti), una considerevole angoscia causata dallo scarso controllo da parte dei soggetti rispetto al proprio comportamento (12 partecipanti), un indebolimento della formazione professionale (8 partecipanti), un indebolimento della condizione finanziaria (8 partecipanti) e infine problemi legali (2 partecipanti). Shapira ha potuto constatare che ognuno dei partecipanti all'esperimento poteva benissimo rientrare nella definizione che il DSM-IV dà per l'*Impulse control disorder Not Otherwise specified* mentre solo tre di loro rientravano nel più largo spettro dei disturbi ossessivo compulsivi.

Le limitazioni di questo studio sono l'evidente ristrettezza del campione studiato e la mancanza di un gruppo di controllo; inoltre si basa su interviste riportate dai pazienti e non è da escludere l'esistenza di biases da parte degli sperimentatori.

Black e altri, esaminarono 21 individui in cui era stato diagnosticata una dipendenza da internet, sotto un punto di vista demografico, clinico e legato ad altre patologie psichiatriche. Quasi il 50% del campione rientrava nei criteri diagnostici riferibili all'abuso di sostanze; il 33% riferiva sbalzi d'umore, mentre il 19% riferiva sintomi legati ad ansia e il 14% rientrava nei criteri definiti per la diagnosi di disturbi psicotici. Il 25 % del campione soffriva di depressione e dai risultati si evince che il 38% dimostrava sintomi quali shopping compulsivo, gioco d'azzardo compulsivo e comportamento sessuale compulsivo. Fra i partecipanti all'esperimento, due riportarono abusi sessuali avvenuti durante l'infanzia. Altri risultati evidenziarono undici partecipanti all'esperimento che dimostravano personalità borderline (24%), narcistiche (19%) e antisociali (19%). L'accuratezza dello studio è data dallo scarso numero di partecipanti che ha permesso un'analisi profonda di ogni individuo ma ad ogni modo l'interpretazione di questa esperienza richiede una certa cautela dovuta proprio alla natura estremamente sensibile dei dati raccolti e quindi alla scarsa possibilità di generalizzare i risultati ottenuti, al di fuori dell'esperimento.

Sembra però provato che la dipendenza da internet sia spesso accompagnata da comorbidità precedenti, parallele e concomitanti. Internet può dimostrarsi un ottimo coadiuvante ai malesseri della quotidianità e spesso funge da riposta temporanea a bisogni, paure e conflitti alimentando la volontà di evasione dalla realtà da parte di chi ne fa un uso quotidiano e prolungato. Bisogna quindi prestare una notevole attenzione al contesto in cui si sviluppa un'eventuale dipendenza dalla rete, in quanto a volte può rivelarsi essere una sorta di valvola di sfogo per sfuggire a problematiche preesistenti e spesso trascurate da parte dell'internet-dipendente.

3.2 Hikikomori e altri fenomeni sociali legati alla dipendenza da internet

Nei paesi più sviluppati economicamente in cui lo standard di vita è molto elevato, la rete delle reti ha potuto attecchire e svilupparsi in tempi brevissimi. Il Giappone è il quarto stato al mondo per numero di utenti connessi in rete, sette giapponesi su dieci usano internet ogni giorno. Hikikomori (ひきこもり o 引き篭り è un termine giapponese usato per riferirsi a coloro che hanno scelto di ritirarsi dalla vita sociale, spesso cercando livelli estremi di isolamento e confinamento a causa di vari fattori personali e sociali delle loro vite. Il termine significa letteralmente "isolarsi" e si riferisce sia al fenomeno sociale in generale che a coloro che appartengono a questo gruppo sociale. Il Ministero della Salute giapponese definisce hikikomori coloro che si rifiutano di lasciare le proprie abitazioni e lì si isolano per un periodo che supera i sei mesi. L'isolamento viene gestito il più delle volte attraverso una connessione internet che permette all'hikikomori di sopperire ai bisogni relazionali e alle volte anche a quelli finanziari. Spesso infatti gli hikikomori svolgono lavori online quali: programmazione, manipolazione di materiale audio/video e tutte quelle attività remunerative che possono essere svolte per mezzo di un computer. Il governo giapponese nel 2003 ha definito i criteri diagnostici degli hikikomori:

1. Stile di vita incentrato a casa

2. Nessun interesse o volontà di studiare o lavorare

3. Sintomi per almeno 6 mesi

4. Schizofrenia, ritardo mentale e altri disturbi psichiatrici sono da escludersi

5. Pochi o nessun amico.

Il fenomeno ha preso piede in Giappone alla fine degli anni ottanta. In sostanza gli Hikikomori si rinchiudono in se stessi per rabbia o per incapacità di affrontare il mondo arrivando a creare un universo virtuale fatto di Internet e tv. Non escono mai dalle loro stanze se non per andare in bagno, ordinano da mangiare tramite internet; rimangono rinchiusi in un mondo fatto di telefonini, internet e televisione e spesso dormono durante il giorno e restano svegli tutta la notte. Una vita così sregolata costringe spesso gli hikikomori a rinunciare alle normali attività quotidiane rifiutandosi di andare a lavoro o a scuola, e questi ultimi in giapponese sono definiti futōkō (不登校) o tōkōkyohi (登校拒否).

Non è infrequente vedere associato il fenomeno hikikomori alla subcultura Otaku (おたく/オタク),

termine della lingua giapponese che dagli anni ottanta è utilizzato per indicare persone interessate in modo appassionato e/o ossessivo a qualcosa, generalmente manga, anime, e videogiochi. In giapponese la parola otaku significa "la sua casa" e si diffuse in principio nel gergo degli autori e disegnatori di manga giapponesi come appellativo distintivo e sarcasticamente onorifico. Molti otaku costituiscono una buona parte delle energie creative da cui prende vita la cultura pop giapponese. Gli otaku descrivono se stessi come dei *feticisti dell'informazione*, riferendosi alla loro tendenza di raccogliere con un ossessione maniacale qualsiasi prodotto, manufatto, fumetto, libro possa attirare la loro attenzione andando ben oltre il comportamento di un collezionista o di un normale iconoclasta. Nel 2000 l'artista giapponese Takashi Murakami ha dichiarato di riconoscere nell'estetica *otaku* una manifestazione culturale, sottovalutata e ingiustamente disprezzata che rispecchia il nuovo Giappone. Secondo l'artista, la discriminazione degli otaku non è un caso singolo nella storia della società giapponese, in quanto sostiene vi sia una netta somiglianza con quella perpetrata nei confronti degli *Hinin* (非人) i cosiddetti *non umani* che a cavallo fra il XVII e XIX sec erano considerati lo strato più basso della società giapponese. Murakami è convinto del fatto che è un retaggio della struttura gerarchica e discriminatoria di quel periodo della storia del Giappone a caratterizzare tuttora la moderna società giapponese, arrivando ad identificare nella volontà di isolamento degli otaku una sorta di comportamento ribelle. E' evidente quindi la lettura politico-sociale del fenomeno otaku nella visone dell'artista. Molte opere di Murakami infatti hanno shoccato il mondo intero per i contenuti immaginifici e totalmente al di fuori dalla realtà, molto più vicini al mondo immaginifico del manga giapponese che al mondo reale. Il contenuto delle sue mostre tocca i temi cari all'immaginario otaku fra i quali l'adolescenza e il conflitto fra la realtà e la potenza creativa dell'immaginazione.

Quello otaku, è stato definita come il primo fenomeno culturale postmoderno dallo scrittore e critico culturale Hiroki Azuma (2010), che ha raccontato e continua a raccontare dall'interno, l'evolversi di questo nuovo modo di rapportarsi agli altri e al mondo. Ad ogni modo bisogna sottolineare che la subcultura otaku è un fenomeno umano complesso e in continua evoluzione. Chi si definisce otaku, inoltre, ci tiene a distinguersi dagli altri per il tipo di passione coltivata. Per fare un esempio, possiamo distinguere fra chi si ritiene *Anime otaku* o *aniota* (maniaco degli anime giapponesi); *Gēmu otaku* (maniaco dei videogiochi); *Manga otaku* (maniaco dei fumetti giapponesi); *Pasokon otaku (*maniaco dei pc). L'ultima categoria è quella che più ci interessa, in quanto spesso i cosiddetti Pasokan otaku coincidono con gli hikikomori.

Gli hikikomori raccolgono gli elementi culturali otaku tendendo all'isolamento, concepito come unica via di salvezza rispetto a sistemi valoriali differenti da quelli tradizionali. I soggetti che scelgono di autorecludersi infatti appaiono come delle persone estremamente creative ed intelligenti, ma con una visione del mondo differente da quella della maggioranza dei giapponesi che non si discostano di molto dalle imposizioni di una cultura tradizionale che comincia a cozzare contro una società ormai in continua evoluzione. Di fatti gli hikikomori sperimentano spesso un forte senso di noia, apatia che confina nel nichilismo. Si osserva una profonda disillusione verso il mondo, la società, la scuola, le relazioni sociali e una scarsa motivazione ad impegnarsi in prima persona. Di fronte ad una domanda sul loro futuro, sulle loro ambizioni e sui loro interessi la risposta più frequente è "NON LO SO" (Nabeta, 2003). Talvolta hanno attacchi d'ira incontrollati sia su oggetti, la stessa stanza nella quale vivono, sia verso i parenti con cui entrano in contatto. Saito (2012) lo psichiatra che rese popolare il termine, definisce gli hikikomori come "individui che rimangono reclusi in casa propria per almeno sei mesi". L'insorgenza secondo lo psichiatra, può essere individuata nella seconda metà nella terza decade di vita, intorno ai 24 - 25 anni. Altri disturbi psichiatrici, inoltre non spiegano il sintomo principale di ritiro. Il livello del fenomeno varia su una base individuale e nei casi più estremi alcune persone rimangono isolate per anni o anche decenni, limitando il proprio contatto con il mondo alla sola connessione internet. Il fenomeno è fortemente radicato nella società giapponese tecnologicamente avanzata e bisogna riconoscere che il Giappone è uno dei paesi più avanzati dal punto di vista delle tecnologie digitali. Un esempio per tutti è dato dalle aziende giapponesi, obbligate a richiedere una prova di scrittura nei colloqui di lavoro poiché il giapponese medio è talmente abituato a scrivere con una tastiera che col passare del tempo ha perso la capacità di scrivere con una penna.

CAPITOLO 4

STRATEGIE DI CORREZIONE E TERAPIE DI PREVENZIONE

"Nella rete non c'è notte e non c'è giorno, non c'è alto e non c'è basso, non c'è corpo e non c'è calligrafia, c'è solo il bit,
che viaggia e che prende la forma che gli vogliamo dare"

Tonino Cantelmi

4.1 Prevenzione e correzione nella letteratura psicodiagnostica

Da quando il termine *Internet addiction* comparve nella letteratura accademica e nei mass media, le ricerche in questo campo si sono spinte nell'esplorazione, nella definizione e nella predizione di questo complesso fenomeno. Gli studi mostrati nei capitoli precedenti si sono occupati per lo più della descrizione del fenomeno al fine di poterne avere un'idea chiara e precisa e poterlo inquadrare in una sintomatologia chiara, mediata da strumenti psicodiagnostici. Ma la domanda che ci porremo in questo capitolo è: come dovrebbe essere trattato l'Internet addiction disorder?

La prima a porsi questa domanda fu Young. Dalle sue ricerche si evidenziò la credenza da parte dei suoi pazienti che un taglio netto a pc e connessione potesse aiutarli nel gestire la propria dipendenza seguendo la regola del *tutto o niente*. Ma siamo sicuri che sia proprio così?

Uno studio di Orzack e Orzack (1999), per esempio mostra come un trattamento di totale astinenza, oltre ad essere anacronistico in quanto è impossibile al giorno d'oggi poter fare a meno dei servizi offerti dalla rete, è inutile. Secondo i due ricercatori la dipendenza da internet dovrebbe essere trattata come un disturbo alimentare ponendosi l'obiettivo di *normalizzare* l'uso di internet al fine di poterne fare un uso quotidiano, ma ben gestito. Young propone in merito sette possibili tecniche di trattamento:

1. Fa l'opposto: organizzare piani di connessione quotidiani in modo da controllare l'uso di internet e il tempo di connessione. I piani devono essere concepiti in modo da poter ridurre man mano il tempo di connessione così da massimizzare l'uso della rete giorno per giorno.

2. Stop esterni: usare impegni reali, quali lavoro, appuntamenti, uscite al parco o con gli amici come motivazione per disconnettersi. Un appoggio alla vita reale è necessario per chi è dipendente dalla rete e lo aiuta a reintegrarsi nel tessuto sociale.

3. Pianificare: proporre obiettivi chiari e raggiungibili per sviluppare nuovi piani di connessione. I piani di connessione aiutano l'internet-dipendente a prevenire ansia, conflitto e rilascio, aiutandolo a raggiungere un senso di controllo sul proprio tempo e la propria vita.

4. Memorandum: definire bene cosa l' internet-dipendente vuole evitare (perdita di tempo,

36

perdita di contatti sociali, ecc) e cosa vuole fare (sport, maggiore produttività al lavoro, ecc), In seguito è utile creare dei veri e propri "memorandum" da tenere sempre con sé in modo da non perdere mai di vista la problematicità della propria situazione

5. Inventario personale: creare una lista di ogni attività che è stata accantonata a causa dell'uso compulsivo di internet, al fine di comprendere bene quali siano stati i cambiamenti nella vita dell'internet-dipendente.

6. Sostegno sociale:organizzare dei gruppi di supporto ben orientati riguardo le problematiche degli internet-dipendenti, le situazioni particolari della loro vita e le loro abitudini. Gruppi di questo tipo aiutano gli internet-dipendenti nel sostituire il loro bisogno di supporto online con un supporto nella vita reale.

7. Terapia familiare: proporre terapie famigliari a quegli internet-dipendenti i cui matrimoni e relazioni famigliari sono stati influenzati negativamente dalla loro dipendenza da internet. Il trattamento dovrebbe focalizzarsi sopratutto su tecniche di moderazione e controllo nell'uso di internet. Young (1998).

E' evidente che i primi tre interventi suggeriti da Young sono semplici tecniche di organizzazione del proprio tempo. Interventi più massivi sono richiesti solo quando l'organizzazione del tempo, da sola, non migliora un uso patologico della rete.

Un'altra tecnica di trattamento della dipendenza da internet può essere identificata nella terapia cognitivo comportamentale. Davis è il maggior sostenitore di questo approccio che si basa sul lavoro svolto da Abramson, Metalsky and Alloy's (1989) riguardo ai concetti di *cause necessarie, sufficienti e concomitanti*. Per *causa necessaria* s'intende un fattore eziologico che dev'essere per forza presente o deve essersi presentato nell'insorgenza dei sintomi. Per *causa sufficiente* s'intende un fattore eziologico la cui presenza garantisce la persistenza dei sintomi. S'intende per *causa concomitante* infine, un fattore eziologico che contribuisce ad aumentare la persistenza di una sintomatologia ormai ben definita nell'individuo e che quindi non è una causa né necessaria né sufficiente all'insorgenza di una patologia. In una catena eziologica, risultante da un un set ben definito di sintomi è evidente quindi che alcune cause si pongono alla fine della catena e sono dette *prossimali*, mentre altre sono poste all'inizio e sono dette *distali*. Nel caso della dipendenza da internet, Davis afferma che le cause distali sono riferibili alla psicopatologia (depressione, ansia, altre dipendenze, ecc) mentre le cause prossimali sono per lo più riferite ad una percezione distorta di sé e del mondo in generale. Il modello cognitivo comportamentale proposto da Davis, assume quindi che alcune basi psicopatologiche possano in qualche modo predisporre un individuo verso la dipendenza da internet. La scoperta, da parte del soggetto predisposto alla dipendenza, di una particolare applicazione o di una particolare attività online può quindi sfociare, secondo Davis, in una seria dipendenza. In breve, la terapia cognitivo comportamentale di Davis si basa sulla premessa che i pensieri determinano sentimenti ed azioni, quindi se l'internet-dipendente è capace di riconoscere i sintomi di cui soffre dettati dai propri pensieri, può identificare il punto focale da cui nasce la sua dipendenza.

Nel tempo si sono sviluppate molteplici metodologie di trattamento legate alle differenti scuole di psicoterapia. Uno dei procedimenti di trattamento che vale la pena riportare in questo capitolo è la Motivational Enhancement Therapy, basata sul raggiungimento di obiettivi da parte dell'internet-dipendente. Questo approccio permette all'internet-dipendente di stabilire insieme al proprio terapista gli obiettivi da raggiungere per affrontare la propria dipendenza e si è dimostrata molto efficace proprio per le sue caratteristiche innovative di confronto fra il terapista e l'internet-dipendente. Nella letteratura scientifica ritroviamo anche trattamenti dell'internet-dipendenza mediati dall'uso di psicofarmaci, un esempio lo ritroviamo nel trattamento eseguito su Achmed, il ragazzo internet-dipendente che abbiamo incontrato nel secondo capitolo nel paragrafo dedicato al Netgaming. Achmed era disposto a separarsi dalla propria famiglia se questa avesse continuato a limitare il suo accesso alla rete. Si dimostrò incapace di controllare il proprio tempo di connessione dimostrando di essere un soggetto resistente alle normali terapie. Nel trattamento della sua dipendenza, venne stabilita una stretta collaborazione con i membri della sua famiglia e con la scuola, così da poter controllare il ragazzo nella maggior parte delle sue attività quotidiane a 360 gradi. Achmed fu seguito per tre mesi in cui fu sottoposto ad interviste quotidiane nelle prime due settimane e in seguito una volta a settimana per il resto del trattamento. Durante queste interviste pianificate fu presa in esame la sua situazione con l'obiettivo di rendere il ragazzo consapevole della propria dipendenza: era stato rimandato durante il primo anno di liceo a causa del suo assenteismo e ciò lo aveva reso depresso e ansioso; Internet era diventato la parte più importante della sua quotidianità; per restare sempre connesso, Achmed, aveva tralasciato tutto il resto, compromettendo buona parte delle sfere relazionali della sua vita; vi era inoltre una tolleranza accresciuta nel tempo e sintomi di craving quando gli veniva limitato l'uso di internet. Nelle interviste fu valutata la motivazione, la capacità di gestione del proprio tempo, il coinvolgimento del ragazzo nelle attività online, l'abilità nell'astenersi da applicazioni pericolose e fuori legge ed infine il coinvolgimento nelle relazioni interpersonali reali. I ricercatori riportano un miglioramento sensibile fin dalla prima settimana nella sfera emozionale di Achmed, che diventava man mano più stabile e coinvolto nel trattamento della propria dipendenza. Furono stabilite delle attività di supporto alla terapia quali sport e attività con un forte coinvolgimento sociale. Il trattamento farmacologico proponeva sertralina, carbamazepina e risperidone. La sertralina, noto antidepressivo, venne somministrata con una dose di 50 mg al giorno che venne innalzata a 100 mg al giorno nella prima settimana. Dopo sei settimane Achmed iniziò a mostrare una parziale remissione verso il medium. Il risperidone fu somministrato con una dose di 1 mg al giorni e la carbamazepine 200 mg al giorno quattro giorni a settimana. Alla fine del trattamento Achmed divenne capace di gestire il proprio tempo di connessione dimostrandosi totalmente consapevole della passata dipendenza e del rischio di una ricaduta. Secondo i ricercatori l'uso di una farmacoterapia in questo particolare caso si è dimostrata fondamentale per il trattamento e l'evoluzione intrapsichica di Achmed. L'uso di antidepressivi combinato a farmaci neurolettici ha, secondo i ricercatori, permesso ad Achmed di porsi nella condizione di ricevere al meglio la terapia intrapresa portandolo a raggiungere risultati altrimenti insperati.

E' importante sottolineare il fatto che una dipendenza da internet è fondamentalmente differente da qualsiasi altra dipendenza, chimica o tecnologica che sia, proprio a causa della natura estremamente informativa del mezzo. Diventa quindi di fondamentale importanza chiedersi quanto il mezzo internet possa aiutare nella cura della dipendenza che esso stesso crea in alcuni soggetti. Internet è una fonte inesauribile di dati aperta a chiunque sia capace di maneggiarli e spesso capita che gli internet-dipendenti cerchino la soluzione ai loro problemi di dipendenza interrogando proprio quella che è la causa del loro malessere. Su Google , il più cliccato motore di ricerca al mondo la parola IAD produce più di 7 milioni di risultati e non è raro che gli utenti abbiano trovato, facendo essi stessi una piccola ricerca sul web, informazioni più o meno corrette riguardo questo fenomeno e si siano in qualche modo avvicinati un po' di più alla soluzione del proprio malessere. La stessa Young offre terapie online da svolgere in video conferenza, e sono centinaia i forum sull'argomento.

Nella stesura di questo lavoro di ricerca, io stesso mi sono affidato alle potenzialità straordinarie di questo eccezionale medium avvalendomi degli articoli della banca dati Psyc-Info (http://www.apa.org/psycinfo) e del materiale a riguardo sparso su siti web specializzati e non. Bisogna riconoscere alla rete un ruolo chiave nella divulgazione delle idee e nello scambio di informazioni, anche in merito a se stessa. I dibattiti più partecipati riguardo l'uso, le caratteristiche ma sopratutto riguardo le esperienze personali legate alla rete, si possono trovare proprio su internet e sarebbe poco lungimirante sottovalutarne le potenzialità nella divulgazione delle idee riguardo la dipendenza che esso stesso può suscitare e la possibilità di ricercare un aiuto concreto.

CAPITOLO 5

CONCLUSIONI

"Una volta si cantava: fratello sole e sorella luna. Oggi io dico: fratello Internet e sorella connessione. È esagerato, lo

so, ma è anche vero. Perché senza rete staremmo tutti peggio"

Lorenzo Cherubini in arte Jovanotti

5.1 Riflessioni personali sul fenomeno e conclusioni

Gli straordinari progressi tecnologici della nostra epoca, in particolare nel campo della comunicazione globale, stanno producendo una sorta di mutazione antropologica che, per quanto riguarda il nostro campo specifico, comporta un sensibile cambiamento della psicopatologia dei pazienti, del metodo e della tecnica psicoterapeutico-psicoanalitica. Pur permanendo notevoli perplessità, si deve prendere atto del moltiplicarsi delle esperienze, siano esse reali o virtuali, e si può scommettere che queste non faranno che crescere. Sarebbe da sprovveduti non tener conto dei profondi cambiamenti che la rete sta apportando nelle nostre vite. L'evolversi di nuovi comportamenti e nuove modalità d'interazione fra gli individui accompagnate dall'avvento di novità radicali nel capo delle nuove tecnologie, rivelano nuove frontiere nello studio della mente che dovrà misurarsi con i comportamenti e le patologie ad esse relative. Ma sarebbe miope soffermarsi sugli effetti dannosi, lasciando in ombra le enormi opportunità offerte dalle realtà virtuali: la sterminata accessibilità all'informazione e alle possibilità di comunicazione globale e lo sviluppo di nuove possibilità nella crescita della ricerca scientifica sono la premessa di un universo della simulazione che promette di diventare sempre più sofisticato. Non sarebbe ragionevole, inoltre enfatizzare i rischi di dipendenza patologica pensando che dedicare alcune ore al giorno a chattare, a visitare siti Internet o a partecipare a videogiochi sia necessariamente uno scherzare col fuoco. Il rischio di dipendenza non è superiore a quello che si corre nel lasciarsi assorbire dai programmi televisivi preferiti o nel sorseggiare una birra fresca con gli amici. Così come obbiettato da Griffiths *"Internet è sia un'attività piacevole che può sfuggire di mano, come qualsiasi altra attività svolgiamo nel tempo libero, sia uno sfogo per dipendenze preesistenti, che non devono essere trascurate prima di considerare la dipendenza dal medium come un fenomeno sé stante"*. Una internet-dipendenza, come abbiamo potuto constatare dai lavori di ricerca analizzati fin qui, in genere si instaura in soggetti in cui una preesistente sofferenza mentale spinge ad approfittare delle suggestioni offerte da Internet e dai videogiochi per sottrarsi all'ansia e alla fatica psichica prodotta dalle relazioni sociali. Dallo studio delle ricerche prese in esame si possono evincere delle caratteristiche consistenti ed identificabili, condivise da chi fa un uso eccessivo della rete, nonostante alcune di esse variano da una ricerca all'altra. Gli studenti si presentano sotto diversi punti di vista come la

40

popolazione più a rischio secondo la maggior parte degli studi intrapresi finora ed è evidente che gli individui che sviluppano problemi nell'uso della rete sono spesso persone solitarie con tendenze all'introversione e alla scarsa stima di se stessi. Il progressivo ritiro dal mondo reale, per confinarsi in un mondo virtuale, diviene una sorta di rifugio della mente che consente alla persona d'evitare al massimo le ferite narcisistiche e i sentimenti spiacevoli, come colpa e vergogna liberandosi dei legami propri di ogni situazione di dipendenza matura, alimentando inoltre subdoli sentimenti d'autosufficienza e onnipotenza. La condizione più grave è quella in cui l'internauta perde progressivamente ogni interesse per l'interazione con altri andando incontro ad una crescente desocializzazione dove non vi è traccia di un fine ultimo. L'internauta si perde nel *surfing* rincorrendo una pura ricerca d'eccitamento che scacci, almeno momentaneamente, gli effetti depressivi causati dall'eccessivo tempo speso online. Come nelle tossicodipendenze da sostanze, l'importante è stordirsi, scacciare il dolore psichico e l'angoscia del crollo.

Il nuovo DSM-V avrà il compito di dare una nuova classificazione ai disordini di controllo degli impulsi tenendo conto dell'esistenza di dipendenze non causate da sostanze chimiche, ma sopratutto delle dipendenze, ormai accertate, verso strumenti tecnologici. Stati d'eccitazione e di euforia possono manifestarsi al di fuori di dipendenze chimiche ed è dimostrato l'instaurarsi di una relazione di dipendenza fra un individuo e una particolare attività ripetuta compulsivamente.

Sono proprio questi casi che costituiscono la nuova sfida umana e scientifica per chi si appresta a studiare le psicopatologie del terzo millennio.

BIBLIOGRAFIA

- Abramson L. Y., Metalsky G. I., Alloy L. B. (1989), Hopeless depression: A theory-based subtype of depression, *Psychological Review*, No. 96, 358-372

- Anderson K. J. (2001), *Internet use among college students: An exploratory study*, Rensselaer Polytechnic Insitute, Troy, New York

- Armstrong L., Phillips J. G., Saling L. L. (2000), Potential determinants of heavier internet usage, *International Journal of Human Computer Studies*, No. 53, 537–550

- Black D., Belsare G., Schlosser S. (1999), Clinical features, psychiatric comorbidity, and health- related quality of life in persons reporting compulsive computer use behavior, *Journal of Clinical Psychiatry*, No. 60(12), 839-844

- Brenner V. (1997), Psychology of computer use: XLVII. Parameters of internet use, abuse, and addiction: the first 90 days of the Internet Usage Survey, *Psychological Reports*, No. 80, 879-882

- Cantelmi T., Talli M. (1998), *Internet Addiction Disorder*, Psicologia contemporanea

- Chih-Hung Ko, Gin-Chung Liu, Sigmund Hsiao, Ju-Yu Yen, Ming-Jen Yang, Wei-Chen Lin, Cheng-Fang Yen. Cheng-Sheng Chen (2009), Brain activities associated with gaming urge of online gaming addiction, *Journal of Psychiatric Research*, No. 43, 739–747

- Davis, R. A. (2001), A cognitive-behavioural model of pathological Intenet use (PIU), *Computers in Human Behaviour*, No. 17, 187-195

- Goldberg I. (1996), *Internet Addiction Disorder*, disponibile al sito: http://aspen.uml.edu/www/counseling/netdisorder.html

- Griffiths, M. D. (1998), Internet addiction: Does it really exist? In J. Gackenbach (Ed.), *Psychology and the internet: Intrapersonal, interpersonal and transpersonal applications*, 61-75

- Griffiths M. D. (2000), Internet addiction-Time to be taken seriously?, *Addiction Research* No. 8, 413-418

- GriffithsM. D. (2000), Does internet and computer addiction exist? Some case study evidence, *CyberPsychology and Behavior*, No. 3, 211-218

- Hiroki Azuma (2010), *Generazione Otaku*, Jaca Book

- *Intervista a Kimberly Young* (2005), http://www.psychiatryonline.it/ital/youngit.html

- Ko CH, Yen JY, Chen SH, Yang MJ, Lin HC, Yen CF. (2005), Proposed diagnostic criteria and the screening and diagnosing tool of internet addiction in college students, *Comprehensive Psychiatry*, No. 50(4), 378-384

■ Kraut R., Lundmark V., Patterson M., tesi a torino Kiesler S., Mukopadhyay T., & Scherlis W. (1998), Internet paradox: A social technology that reduces social involvement and psychological well-being?, *American Psychologist*, Vol 53(9), 1017-1031

■ Lavin M., Marvin K., McLarney A., Nola V., Scott L. (1999), Sensation seeking and collegiate vulnerability to internet dependence, *CyberPsychology and Behavior*, No. 2, 425-430

■ Leon D., & Rotunda R. (2000), Contrasting case studies of frequent internet use: Is it pathological or adaptive?, *Journal of College Student Psychotherapy*, No. 14, 9-17

■ Mitchell P. (2000), Internet addiction: Genuine diagnosis or not, *The Lancet*, Vol 355, 632-633

■ Nabeta (2003), *Exploring the psychic roots of Hikikomori in Japan*, Doctoral Thesis/Dissertation,

■ Orzack H., Orzack D. (1999), Treatment of coputer addicts with complex co-morbid psychiatric disorders, *CyberPsychology and Behavior* , No. 2, 465-473

■ Saito Tamaki (2012), *Social withdrawal: Adolescence without end*, trad. Jeffrey Angles, Minneapolis: University of Minnesota

■ Scherer, K. (1997), College life on-line: Healthy and unhealthy internet use, *Journal of college student development*, No. 38, 655-665

■ Shapira N., Goldsmith T., Keck P. Jr., Khosla D., McElroy S. (2000), Psychiatric features of individuals with problematic internet use, *Journal of Affective Disorders*, No. 57, 267–272

■ Shapira N., Lessig M., Goldsmith T., Szabo S., Lazoritz M., Gold M., Stein D. (2003), Problematic internet use: Proposed classification and diagnostic criteria, *Depression and Anxiety*, No. 17, 207–216

■ Solmaz M., Belli H. (2011), Letter to the Editor / General Hospital Psychiatry, *Science Direct*, No. 33, e15-e16

■ Tim Berners-Lee (1999), *L'architettura del nuovo web*, Feltrinelli

■ Widyanto L., Griffiths M.D. (2006), Internet addiction: a critical review, *International Journal of Mental Health*, No. 4, 31-51

■ Widyanto L., McMurran M. (2004), The psychometric properties of the internet addiction test, *CyberPsychology and Behavior*, No. 7, 443–450

■ Young K. S. (1996), Internet addiction: the emergence of a new clinical disorder,

CyberPsychology and Behavior, Vol. 1, No. 3, 237-244

- Young K., Rodgers R., Shapira, (1998, August), *Internet addiction: Personality traits associated with its development* presentato presso il 69th meeting annuale dell'Eastern Psychological Association
- Young K.S. (2000), *Caught in the Net*, John Wiley & Sons

RINGRAZIAMENTI

Un sentito ringraziamento va alla mia famiglia per l'affetto e il sostegno che avete sempre saputo dimostrarmi

Ringrazio inoltre la relatrice di questa dissertazione, Prof.ssa Gabriella Airenti, per avermi permesso di portare a termine questo progetto sostenendone l'idea fin dall'inizio.

Rendo grazie inoltre a tutti gli amici che mi sono stati vicino, che hanno dato e che continuano a dar colore alle lunghe giornate di studio. Grazie

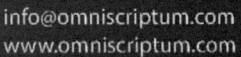

Printed by Books on Demand GmbH, Norderstedt / Germany